말은
딱
깔끔하고
센스 있게

말은
딱
깔끔하고
센스 있게

'좋아요'를
부르는
전달의 법칙

가키우치 다카후미 지음

김윤경 옮김

갤리온
GALLEON

'전달하는' 말하기에서
'전달되는' 말하기로

'맛 없는' 과일을 소개하는 과일 가게

장사가 잘되는 어느 청과물 가게의 특별한 인기 비결을 듣고 놀란 적이 있습니다. 이 가게는 보통은 고객에게 절대 말하지 않는 '어떤 정보'를 공개한다고 합니다. 그게 무엇일까요?

바로 '오늘 추천하지 않는 채소와 과일'을 정직하게 말하는 것이었습니다.

이 이야기를 듣고 처음에는 깜짝 놀랐습니다. 추천하

지 않는 상품을 솔직히 말하면 그 채소와 과일은 재고로 남잖아요. 하지만 가게 운영에는 문제가 없다고 합니다. 어떻게 그게 가능할까요? 이 청과물 가게에 오는 손님은 대부분 단골입니다. 일상적으로 그 가게를 이용하는 사람들이죠. 그런 사람들이 맛없는 채소와 과일을 사게 되면 가게의 평판도 떨어지고 다음부터는 근처 슈퍼마켓으로 발길을 돌릴 수도 있습니다. 그래서 가능한 한 정직하게 사실을 전달하며 판매한다고 합니다.

그제야 이 가게 주인장은 전달력이 매우 뛰어난 사람이라는 생각이 들더군요. 왜냐하면 이 가게의 소통 방식에는 말하는 사람의 의도나 마음이 상대에게 고스란히 전달되는 기술이 응집되어 있기 때문입니다. 언뜻 손님을 위하는 마음을 있는 그대로 드러낸 것으로만 보입니다. 그런데 자세히 들여다보면 가게 주인장은 상당히 전략적으로 수완을 발휘하고 있습니다.

여기서 사용한 기술의 첫 번째 핵심은 '**비교**'입니다. 부족한 점을 드러냄으로써 좋은 점을 두드러지게 했습니다. 비추천 상품을 감추지 않고 드러내면 그만큼 추천 상품의 가치가 높아집니다.

이 기술은 책 제목을 짓는 데도 자주 활용됩니다. 유명 베스트셀러인 『부자 아빠 가난한 아빠』나 『사람이 따르는 말 사람이 떠나는 말』도 이 기법을 사용한 제목입니다. 대비되는 두 가지를 나란히 둠으로써 그 가치를 증폭시켜 전달하지요. 청과물 가게의 사례도 이러한 효과를 고려한 것입니다.

두 번째 핵심은 '**신뢰감**'입니다. 부족한 점을 정직하게 전달하여 가게의 신뢰도를 한껏 높였습니다. 신뢰감은 전달력을 높여줍니다.

정직하게 말한다 → 신뢰가 생긴다 → 신뢰하는 사람의 말은 더 잘 흡수된다

이런 흐름이 생기거든요.

사소한 듯 보이지만 이 두 가지만 말에 반영해도 결과가 크게 달라집니다.

마음은 표현할 때 비로소 존재하는 것

퀴즈를 내보겠습니다.

Q

보통 식당에 손님이 오면 물을 내주죠. 이 물을 내용물을 바꾸지 않고 '맛있는 물'로 바꾸는 방법이 있습니다. 어떤 방법일까요?

A

손님에게 물을 건넬 때 이렇게 말하는 것입니다. "와주셔서 감사합니다. 맛있는 물입니다." 더불어 이 말에 어울리는 사인을 자연스럽게 보냅니다.

여기서 '사인^{sign}'은 마음이 담긴 동작 또는 태도를 가리킵니다. 유명한 접객 전문가에게 들은 이야기에 따르면, 이 사인만으로 손님에게 전달되는 느낌과 영향이 완전히 달라진다고 합니다.

그리고 '맛있게 드시면 좋겠다'라는 마음을 담아 반듯한 자세로 서서 인사를 하고 컵을 손님 앞에 살짝 내려놓으면 좋겠지요. 분명 손님은 같은 물도 더 달고 시원하게 마실 것입니다. 이른바 바디랭귀지의 힘이죠.

물론 맛없는 물을 내면서 맛있는 물인양 굴면 안 되겠지요. 하지만 이왕 맛있는 물을 제공할 거라면 그 사실을 확실히 전하는 것이 좋습니다. 말뿐 아니라 태도로까지 드러낸다면 그 마음이 손님에게 더욱 잘 전달되게 마련입니다.

당연한 소리 아니냐고요? 많은 사람이 의외로 이러한 기본을 잊고 지냅니다.

오랜 연인이나 부부를 떠올려보세요. 사귀기 시작했을 무렵이나 신혼 때는 '사랑한다' '좋아한다'는 표현을 말로든 행동으로든 차고 넘치게 합니다. 하지만 세월이 지날수록 점차 이러한 표현은 줄어듭니다. 함께 지내온 시간만큼 믿음과 애정이 깊어졌다는 것을 내가 아니까 상대방도 알아줄 거라 여깁니다. 하지만 직접적인 말이나 행동으로 표현하지 않으면 상대방은 알 도리가 없습니다. '이제 날 사랑하지 않는 걸까?' '마음이 변한 게 틀림없어' 하고 의심하며 괴로워하다 관계가 악화되는 커플이 얼마나 많은가요.

사람들은 버젓이 눈앞에 있는 것도 지나치기 일쑤인데, 보이지도 않는 마음이나 생각을 어떻게 알아차리겠습니까. 말은 물론 태도와 표정까지 동원해 상대에게 정확히 전달해주지 않으면 알지 못하는 존재가 인간입니다. 이 사실을 잊어서는 안 됩니다.

제대로 전달되었습니까?

저는 앞에서부터 '전달하다'가 아니라 '전달되다'라고 썼습니다. 이 두 표현은 의미는 비슷하지만 주체가 반대입니다.

전달되다 → 상대가 주체

전달하다 → 자신이 주체

굳이 피동태를 쓴 이유가 있습니다. 많은 사람이 잘 전달하면 충분하다고 생각하지만, 오산입니다. 혼잣말이 아니라면, 말은 결국 듣는 이에게 영향을 미치기 위한 것입니다. 즉, **말은 듣는 사람의 것이 되어야 합니다.** 전달하는 것은 출발에 불과합니다. 최종 종착지에 잘 도착해야, 즉 상대에게 제대로 전달되어야 그 역할을 다했다고 볼 수 있습니다.

사람들이 당신의 말에 귀 기울이지 않나요? 당신의 말이 오해를 사거나 무시당하기 일쑤인가요? 분명히 전달했는데 제대로 시행되지 않나요? 이런 일이 반복되면 의기소침해지거나 분통이 터질 수도 있습니다. 하지만 괜한 감정 낭비입니다.

관점을 바꿔보세요. 상대방 중심으로 바라보면, 왜 자꾸 '씹히는지'가 아니라 내 말이 제대로 전달되었는지에 더 신경이 쓰일 것입니다.

이 책에서는 내 말이 '전달되는 기술'을 이야기하고자 합니다. 여기서 기본적으로 마음에 새겨야 할 핵심은 다음과 같습니다.

❶ 생각과 마음은 전하지 않으면 알지 못한다.

❷ 단지 전하기만 해서는 제대로 전달되기 어렵다.

❸ 제대로 전달되는 데에는 효과적인 기술이 있다.

❹ 말뿐 아니라 태도와 표정 등 비언어적 요소도 중
요하다.

"성격과 일을 분리시켜라"

이쯤에서 제 소개를 하겠습니다. 제 이름 다카후미(尚文,
문필을 숭상한다는 뜻)는 할머니가 지어주셨는데요. 글을 존
중하는 사람이 되라는 바람을 담아 붙여주셨다고 합니
다. 이름의 영향을 받아서인지 편집자로 일하며 수많은
책과 잡지, 무크지를 만들었습니다.

베스트셀러도 많이 탄생시켰는데요. 제가 기획한 책과
무크지는 누적 판매량이 무려 1000만 부를 넘어서는 쾌
거를 이루었습니다. 지금은 책 편집뿐 아니라 고객에게
의뢰받은 상품이나 서비스의 마케팅, 개인 브랜딩을 하
며 강연도 하고, 책도 쓰고 있습니다.

편집자의 일을 간단히 설명하면 **'가치를 발견하고' '가
치를 다듬고' '가치를 전달하는'** 세 가지 과정입니다. 지금
이 책을 쓸 수 있는 것은 오랜 세월 동안 '효과적으로 전달
하는 일'을 하며 나름의 노하우를 축적했기 때문입니다.

사실 저는 말을 잘 못하는 사람이었습니다. 어떤 말을 하려다가 중간에 "진짜"를 열 번쯤 말한 적도 있습니다. 사람들 앞에서 이야기하는 게 너무 어려웠고 학생 때는 수업 시간에 손도 못 들었을 정도로 부끄러움이 많았습니다. 그래서 초등학교 시절 생활기록부에는 항상 적극성이 부족하다고 적혀 있었습니다. 강연을 즐겁게 여기는 지금은 상상할 수도 없지만 한때는 사람들 앞에서 제 생각을 이야기하는 일을 그야말로 고통처럼 느꼈습니다.

그러다 누군가의 한마디를 계기로 완전히 달라졌습니다. 일을 시작한 지 몇 년쯤 흘렀을 때였지요. 제게 일은 물론 품격 있고 센스 있는 어른의 자세를 많이 가르쳐준 선배가 있었습니다. 그는 이렇게 말했습니다.

"일을 할 때 부끄럽다는 마음을 끌어들이면 안 된다.
성격과 일을 따로 분리시켜라."

정신이 번쩍 들었습니다. 그동안 일을 하면서 늘 고민도 많고 갖가지 벽에 부딪히며 힘들어했는데, 그것은 제 성격을 중심에 놓고 일을 대했기 때문이었죠. 일과 성격을 따로 떼어놓으라는 조언은 제게 큰 깨달음이었습니다.

예능 프로그램에 나와서 무척 활발하게 웃고 떠드는 코미디언인데 실제 성격은 소심하고 조용하다고 고백하는 경우가 종종 있지 않나요? 운동선수 중에도 시합에서 보이는 거친 모습과는 전혀 다르게 평소에는 온화한 사람이 있죠.

이전에 제가 편집했던 책에서 저자는 이런 말을 했습니다.

"이중인격은 훌륭하다!"

성격을 분리하라는 뜻을 함축한 말입니다. 실제로 일본을 대표하는 운동선수가 이 말 덕분에 스스로의 벽을 뛰어넘을 수 있었다고 밝히기도 했습니다. 천재적 재능을 가진 이들조차 성격 때문에 고민하고 그 벽을 뛰어넘고자 애쓰는 경우가 많은 것 같습니다.

저 역시 성격과 일을 분리하면서부터 인생이 달라졌습니다. 그런데 제가 하는 말도 마찬가지였습니다.

구조를 이해하고 기술을 익힐 것

전하고자 하는 바를 확실히 전하기 위해서는, 말과 성격을 따로 떼어놓아야 합니다.

'상대에게 미움 받을지도 몰라.'

'100퍼센트 확실하지 않으면 아예 말하고 싶지 않아.'

'괜한 말로 오해받기 싫어.'

때때로 이런 생각에서 아예 입을 다물 때도 있습니다. 하지만 상대방에게는 그런 사정이나 상황이 존재하지 않는 것이나 다름없습니다. 이런 사정이 존재한다는 것을 나타내기 위해서라도 우선은 '전해야' 합니다.

과거의 저처럼 사람들 앞에 서면 부끄러움을 많이 타거나 긴장하면 말이 정리되지 않는다면, 새로운 인격을 만들어 평상시와 전혀 다른 사람이 된 것처럼 말해보세요. 머릿속으로 '자신의 생각을 말로 잘 표현하고 전달하는 사람'의 이미지를 그려서 그 사람을 따라 하는 방법을 추천합니다. 좋아하는 강사나 유튜버, 아나운서, 방송인, 회사 선배 등 누구라도 상관없습니다. 그 사람이 되었다고 상상하며 말하고 전달하는 연습을 해보세요.

그리고 또 한 가지 중요한 포인트는 '전달되는 구조'를 이해하고 '전달되는 기술'을 익히는 것입니다. 이 과정을 거치면 정확하고 구체적으로 메시지를 전달할 수 있습니다. 무엇보다 자신이 타고난 성격의 약점을 극복할 수 있습니다. 부끄러움이 많은 성격이든 말주변이 없든 누구나 달라질 수 있습니다.

이 책에서 소개하는 기술들은 대화 분위기를 띄우거나 억지로 상대방의 동의를 이끌어내기 위한 것이 아닙니다. 자신의 메시지를 상대에게 정확히 전달하기 위한 것입니다. 책에 소개된 기술들을 일상에 활용함으로써 더욱 원활하고 효과적으로 커뮤니케이션을 주도하시기 바랍니다.

그러면 구체적으로 어떻게 해야 하는지, 지금부터 이야기를 펼쳐보겠습니다.

이 책의 사용법

- ○ 한 번 읽고 책장에 꽂아 두지 말고 반드시 여러 번 읽어보시기 바랍니다.
- ○ 인상 깊은 구절에 밑줄을 긋거나 생각을 메모하여 이 책의 내용을 되새기는 시간을 가져봅시다.
- ○ 읽고 아는 것으로 만족하지 말고 자신의 사례에 적용하며 실천해봅시다.
- ○ 이 책을 계기로 자신만의 '전달하는 기술'을 만드세요.
- ○ 소중한 사람에게 이 책을 선물하고 함께 나누시기 바랍니다.

차례

1장
어떻게 말해야 알아줄까?

2장
깔끔하게 전달되는 말의 구조

3장
센스 있게 전달하는 기술 16

4장
제대로 전하는 사람의 마음 습관

5장
감정적 뱀파이어와의 대화법

어떻게
말해야
알아줄까?

매력은
전달되지 않으면
존재하지 않는다

퀴즈입니다. (이 책에는 퀴즈가 많이 나오는데 가능한 한 여러분에게 글의 의도가 잘 '전달되도록' 생각을 거듭해 실었습니다!)

Q
스마일 이모티콘들 사이에 시무룩한 표정을 한 이모티콘이 딱 하나 숨어 있습니다. 5초 안에 찾아보세요.

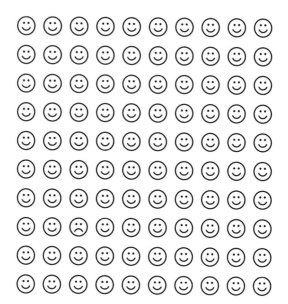

어떠셨어요? 금방 찾으셨나요? 이 이모티콘은 잠시 집중해서 찾으면 발견될 겁니다. 하지만 얼핏 이모티콘 100개가 모두 스마일로 보입니다. 이 중에 입꼬리가 내려간 이모티콘이 있다는 사실을 말하지 않았다면 대부분의 사람은 알아차리기 어렵죠.

첫걸음은 '알아차리게' 하는 것

신제품 출시를 예로 들어볼까요?

프로젝트 멤버들은 각자의 자리에서 좋은 상품을 만드는 데 필사적입니다. 마침내 기막힐 정도로 혁신적인 상품을 개발했습니다. '이건 분명 대박 날 거야!' 하고 예상합니다. 하지만 막상 출시 후의 반응은 냉담합니다. 상품이 팔리지 않습니다. 왜일까요? 상품이 이렇게나 훌륭한데도 말이죠.

좋은 상품이 팔리지 않는 이유는 상품의 매력이 고객에게 전달되지 않았기 때문입니다.

상품의 매력 이전에 이 상품이 판매되고 있다는 사실조차 알려지지 않은 경우도 허다합니다. 수많은 스마일 이모티콘 가운데 표정이 다른 이모티콘이 딱 하나 숨어 있는 것과 같은 상황이죠. 애써 만든 상품이지만 사람들이 나온지도 모른다면 세상에 존재하지 않는 것이나 다름없는 상태이니까요. 이래서는 팔릴 리가 없습니다.

슈퍼마켓에 장을 보러 갔을 때를 떠올려보세요. 꼭 사야 하는 품목이나 대폭 할인하는 상품에는 시선이 갑니다. 하지만 그 밖에는 어떤 제품이 어디에 있는지 전혀 모릅니다. 수많은 상품 가운데서 존재를 알리려면 매력이 고스란히 '전해져야' 합니다.

말도 마찬가지입니다.

전해지지 않은 것은 존재하지 않는 것이나 다름없습니다. 전하고 싶은 것이 있다면 확실히 전해야 합니다.

사람들은
거의 흘려듣고
자주 잊어버린다

""

예전에 『사람은 분위기가 90%』라는 책이 큰 인기를 끌었습니다. 제목에 들어간 '분위기가 90%'라는 표현은 미국의 심리학자 앨버트 머레이비언Albert Mehrabian이 제창한 '머레이비언 법칙The Law of Mehrabian'에서 온 것입니다. 사람의 인상은 시각적 요소 55%, 청각적 요소 38%, 언어적 요소 7%로 결정된다는 이론입니다.

실제로 겉모습이나 분위기가 90%인지 아닌지에 관해서는 다양한 의견이 있지만, 사람들이 겉으로 보이는 인상으로 판단하는 경향이 있다는 것만은 분명합니다. 외적인 정보가 상대에게 전해져 그 사람을 판단하는 자료가 됩니다. 이는 바꿔 말하면 **눈에 보이지 않는 부분은 판단 자료가 되기 어렵다,** 즉 상대에게 전달되기 어렵다는 뜻이기도 합니다.

마음이 대표적이죠. '말하지 않아도 이해해줄 거야.' '나에 대해 잘 알고 있으니 굳이 말로 안 해도 괜찮아.' 안타깝지만 이런 기대는 하지 않는 게 좋습니다.

언젠가 자신을 그다지 어필하지 않는 성실한 노력가 타입의 사람을 만난 적이 있습니다. 그가 이런 불평을 하더군요.

"상사가 저를 전혀 알아주지 않아요. 일도 열심히 안 하면서 아첨이나 하는 직원들은 높게 평가하고 저처럼 성실하게 일하지만 나서서 어필하지 않는 사람에게는 높은 점수를 주지 않아요. 더는 못 참겠어요."

그가 어떤 심정일지 너무도 이해가 갑니다. 하지만 분명한 현실은 그가 자신에 대한 정확한 정보를 전달하는 데 실패했다는 것입니다.

사람은 자신이 받아들인 내용으로 판단하기 때문에 정보를 확실히 전달하지 않으면 상대는 좀처럼 나를 알아주지 않습니다. 환심을 사려고 간살을 떨 필요는 없지만, 열심히 했다면 그것을 분명히 어필해야 합니다. **말하지 않아도 상대가 나를 알아줄 것이란 착각은 버려야 합니다.**

자주 보면 호감이 상승한다

생각이나 마음을 효과적으로 전한다면 자신에 대한 상대의 평가는 분명 올라갈 겁니다. 실제로 노력하고 있는데다 좋은 성과도 나오기 시작했다면 그 점을 명확히 전하면 되는 것이지요.

그렇다면 어떻게 전해야 할까요? 누구나 할 수 있는 아주 쉬운 방법이 있습니다. 바로 **접촉 빈도를 높이는 것**입니다.

이런 경험을 한 적은 없으신가요? 별 관심 없던 연예인을 방송에서 자주 보다가 어느새 팬이 되었다거나, 회사 또는 학교에서 누군가를 매일 마주치다가 좋아하게되었다거나. 매번 택배를 가져다주는 사람에게 친근감이 생길 수도 있고, TV 광고에서 쇼호스트를 처음 봤을 때는 '뭐야? 이 사람!' 했지만 자꾸 보는 사이에 관심이 생겨 홀린 듯이 주문 버튼을 누르고 말았던 그런 경험 말입니다. 저 역시도 그런 일이 있었습니다.

자욘스의 법칙을 아시나요? 미국 사회심리학자 로버트 자욘스[Robert Zajonc]가 제시한 단순노출효과[Mere Exposure Effect]를 말합니다. 사람이나 물건, 또는 서비스에 노출되는 횟수가 많아질수록 차츰 경계심이 사라지고 관심과 호의가 증가하는 심리적 효과입니다.

회사에서 좋은 평가를 받지 못해 고민인 사람이라면 상사에게 보고나 상담을 청하는 빈도를 높여보세요. 이 정도 시도라면 그다지 어렵지 않을 겁니다. 정보 전달에서 빈도는 무척 중요하다는 점을 잊지 마세요.

반복해서 전해야 하는 이유

"일할 때는 한 번 들은 이야기를 잊지 않아야 진정한 프로지."

20대 때 선배에게 자주 듣던 말입니다. 당시에는 제가 자꾸 잊어버렸기 때문이었는데, 저 역시도 선배가 되고 나니 이번에는 후배에게 같은 말을 하게 되더군요.

"우린 프로니까 한 번 들은 건 잊으면 안 돼."

하지만 그때 왜 그랬을까 하고 지금은 반성하고 있습니다.

학생 시절, 수업 시간에 선생님에게 배운 내용을 한 번 듣고 기억하는 건 너무도 어려웠습니다. 복습을 하고 반복해서 외워야 머릿속에 들어왔으니까요. 그랬던 기억을 까맣게 잊고는 어른이 되어 후배에게 '한 번 들으면 기억해야지'라고 지적했으니 어려운 주문을 했던 겁니다.

여러분은 다른 사람에게 들은 이야기를 얼마나 기억하고 있나요? 부끄럽게도 저는 상당히 잘 잊어버립니다. 그래서 평소에 메모를 많이 합니다. 사람에 따라 기억력이나 집중력의 차이도 있겠지만 **인간은 상당히 많은 정보를 빠르게 잊거나 혹은 처음부터 듣지 않습니다.**

독일 심리학자 헤르만 에빙하우스Hermann Ebbinghaus가 고안한 에빙하우스의 망각 곡선Ebbinghaus curve을 통해서도 시간의 경과에 따라 빠르게 잊는 우리 기억력의 실상을 알 수 있습니다.

이 그래프가 나타내는 것은 머릿속에 입력한 정보 중 잊어버린 정보량의 비율입니다. 처음부터 입력하지 않은 정보까지 합하면 전달받은 정보의 대부분은 망각의 영역으로 들어가는 셈입니다.

사람은 이렇게나 많은 부분을 잊어버리는군요. **그렇다**

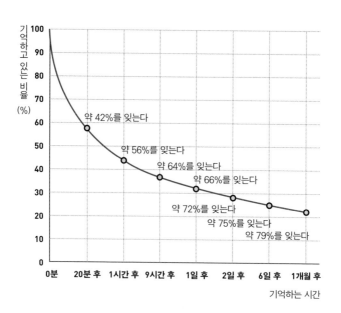

에빙하우스의 망각 곡선

면 내가 전달한 내용도 상대의 망각 영역으로 들어갈 가능성이 크다는 것이지요. 따라서 상대가 내가 전한 내용을 잊어버릴 거라고 전제하고 소통하는 것이 중요합니다.

한 번에 의사가 전달되지 않는다면?

반복해서 전하는 수밖에 없습니다.

우선 누락된 정보를 확인할 것

무턱대고 반복하는 것은 짜증을 불러일으킬 수 있습니다. 우선 어떤 내용이 제대로 전달되었고 어떤 내용이 전해지지 않았는지 파악해야 합니다.

회의 시간을 예로 들어보죠. 상대가 확실히 이해했는지 불안하다면 그 자리에서 논의한 내용을 바로 확인해봅시다. 회의가 끝나기 5분 전쯤 그날 협의한 내용을 상대가 정리해서 직접 말해보도록 요청하세요. 자신이 스스로 이해하고 납득하지 못한 내용이라면 설명할 수 없습니다. 상대방이 직접 말해보게 하면 어디까지 정보가 공유되었고 어디부터 제대로 전달되지 않았는지를 확인할 수 있습니다. 이제 빈칸을 채우는 식으로 반복해보세요.

양과 질의
균형을 잡아라

말하기나 글쓰기에 관한 책은 수없이 많이 출간되었습니다. 베스트셀러가 된 책도 상당히 많은 것을 보면 그만큼 자신의 생각이나 마음을 분명하게 표현하는 일로 고민하는 사람이 적지 않다는 뜻이겠지요.

메시지를 전달하는 방법에도 여러 가지 측면이 있습니다. 먼저 알아야 할 것은 의사 전달 방법에 관한 과제가 두 가지 있다는 사실입니다. **전달하는 내용이 부족한 경우(양의 문제)와 전달하는 방법이 서툰 경우(질의 문제)**입니다.

양의 문제	**질의 문제**
전달하는 내용이 부족하다	전달하는 방법이 서툴다

이 두 가지를 뒤섞지 말고 각각 따로 생각해야 이해하기 쉽습니다.

전달하는 내용이 부족한 문제는 전달하는 횟수 즉, 빈도의 문제라고 할 수 있습니다. 앞서 설명했듯이 한 번만 말해서는 메시지가 제대로 전달되지 않는 경우가 많습니다. 상대가 한 번에 이해하지 못할 수도 있고 잊어버릴 수도 있기 때문에 하고 싶은 말 혹은 해야 할 말이 있다면 반복해서 전달해야 합니다(이 책에서도 특히 중요하다고 생각하는 부분은 여러 번 반복해서 쓰고 있습니다).

특히 잘 잊어버리거나 이해를 잘 못하는 사람에게는 의식적으로 여러 차례 말해야 합니다. '몇 번이나 말했는데…' 하고 속상해하는 대신 목적을 달성하기 위해 자신이 할 수 있는 일을 하는 것이 현명합니다.

단, **전달하는 빈도를 너무 높이면 오히려 역효과를 낼 수도 있으니 주의하세요.** 메시지를 전달하는 동안 상대가 언짢아하는 느낌이 들면 멈춰야 합니다. 그럴 때 같은 이야기를 반복하면 부정적인 감정이 커질 수 있으니까요. 그래서 **전달하는 기술 즉, 질도 중요합니다.**

간혹 지나칠 정도로 자기 자랑을 일삼는 사람이 있습니다. 그 사람이 전달하고 싶었던 메시지가 따로 있었다 한들 거듭 자기 자랑을 듣다 보면 상대방은 불쾌감이 듭니다. 그렇게 되면 막상 진짜 중요한 본론까지도 상대가 부정적으로 받아들일 수 있습니다.

제 경험에 비춰 보면, 학창 시절에 수업이 지루하면 그 과목이 점점 싫어지곤 했습니다. 아마 여러분 중에도 저와 같은 경험을 한 사람이 더러 있을 것입니다. 유난히 어떤 수업이 지루했다면 그 선생님이 수업 내용을 학생들에게 전달하는 방법의 질이 낮았기 때문입니다. 반면에 같은 내용도 재미있게 전달하는 선생님의 수업은 그 과목에 흥미가 생겨 더 열심히 들었고, 그러다 보니 그 과목을 잘하게 되었습니다.

이렇듯 전달하는 방법의 질은 자신의 말에 상대방이 귀 기울이게 하고, 나아가 적극적으로 호응하도록 하는 데 매우 중요합니다.

이해하기 어렵다거나 너무 추상적이다 혹은 지루하다는 감상은 모두 전달하는 방법의 질에서 비롯되는 문제입니다. 아무리 열심히 설명하고 자신의 의사를 전달하려 애써도 상대방이 '대체 뭘 말하려고 하는 건지 모르겠군' 하고 생각한다면 참으로 안타까운 일입니다.

물론 이러한 문제는 전달하는 사람만의 책임은 아닙니다. 듣는 사람의 이해도가 낮은 경우도 있으니까요. 하지만 그렇다고 해서 상대 탓으로 돌려봐야 메시지는 전달되지 않습니다.

자신의 생각과 마음을 꼭 전하고 싶고 이를 상대가 이해해주길 바라나요? 그렇다면, **의사 전달 빈도를 높이는 동시에 어떻게 말할지 궁리해 전달 방법의 질을 높여야 합니다.**

꼭 말 잘하는 사람이
돼야 할까?

어떤 강연회에서 독특한 경험을 했습니다. 그때 강사가 청산
유수로 말을 잘했는데도, 이상하게 그 말이 전혀 와닿지 않
는 겁니다. 강사의 말이 한 귀로 들어와 한 귀로 빠져나가는
느낌이었습니다. 지금까지 몇백 번이나 강연을 한 베테랑 강
사였고 그래서인지 이야기는 막힘없이 술술 이어졌습니다.
하지만 어떤 내용도 머리와 마음속에 들어오질 않았습니다.

　단순히 말을 잘하는 것과 말이 상대에게 잘 전달되는 것
은 별개의 문제입니다. 전해진다는 것은 상대의 마음에 인상
과 기억을 남기는 일인데 이 강사는 단지 자신이 말하고 싶

은 것을 그저 매끄럽게 나열했을 뿐입니다. 그래서 아쉽게도 어떤 의미도 제게 와닿지 않았던 것입니다.

그런데 정작 본인은 그 사실을 깨닫지 못하는 것 같았습니다. 주위 사람들이 "말씀을 참 잘하시네요"라고 추어올리고 있으니 알아차릴 계기가 좀처럼 없는 건지도 모르겠습니다.

청중이 깨달음을 얻었거나 마음에 와닿거나 혹은 무언가를 배웠다고 느낀다면 강사의 메시지가 잘 전해졌다는 증거가 될 것입니다. 하지만 단순히 말을 잘한다는 평은 조금 다른 의미입니다.

대화의 목적

출판사 편집자로서 취재는 제 업무 가운데 하나입니다. 취재를 할 때 제가 꼭 지키려는 지침은 **'취재 대상이 술술 이야기해주는 대로 취재를 끝내지 않는다'**는 것입니다. 취재하는 상대는 대부분 자신이 하고 싶은 이야기 위주로 하는 경향이 있습니다. 다른 자리에서도 자주 하는 이야기를 하는 경우가 많죠. 하지만 저는 그 이야기만 듣고 미팅 자리를 마무리하지 않습니다. 상대방의 이야기를 전부 듣고 나면 그때부터가 시작입니다.

편집자는 취재를 하면서 글의 주제를 넓히고 깊은 생각을 끌어내기 위한 질문을 하나씩 던집니다. 상대가 하고 싶은 이야기를 하는 대로 듣기만 하지 않고 독자에게 가치 있는 정보를 이끌어내는 것이지요. 상대가 먼저 하는 이야기 외에 더 많은 내용을 들으려 하는 이유가 바로 이 때문입니다.

그러다 보면 상대에게 이런 말도 종종 듣습니다.

"제가 이런 이야기를 할 줄은 상상도 못했어요. 얘기하다 보니 새로 깨달은 것도 있고 머릿속이 깔끔히 정리되었어요."

취재가 잘 진행된 경우입니다. 취재 대상의 마음속에 잠재되어 있던 정보나 생각을 말로 표현하게 만드는 데 성공했기 때문이죠. 이로써 진짜 흥미로운 정보를 얻어낸 것입니다.

저는 많은 말을 하지는 않습니다. 상대에게 꼭 듣고 싶은 이야기가 있음을 잘 전달할 뿐입니다. 말(대화)의 목적을 잊지 않으려 노력하죠.

어쩌면 굳이 말을 잘하지 않아도 괜찮지 않을까요? 잘 듣는 사람, 잘 질문하는 사람이 되는 것도 괜찮을 것 같습니다. 대화의 목적에 맞는 전달의 기술을 잘 활용한다면 꼭 말을 잘하지 않아도 커뮤니케이션에 뛰어난 사람이 될 수 있습니다.

깔끔하게
전달되는
말의 구조

맛의 '구조'를
깨닫다

퀴즈입니다.

Q
바나나의 매력을 한마디로 설명해보세요.

A
신맛과 단맛의 균형(제 경우에 그렇습니다).

저는 바나나를 좋아하지만 최근까지 별 생각 없이 먹었

습니다. 어릴 때부터 세어본다면 한 달에 두 개라고 쳐도 1년에 24개, 50년 동안 1200개를 먹었다는 계산이 나오는군요. 그중에서 1100개 정도까지는 정말 아무 생각 없이 먹었습니다. 바나나 씨, 미안해요. 하지만 최근에 깨달았죠. 바나나의 새로운 맛을!

'바나나의 참맛은 새콤한 맛이었어!'

이 발견은 제게는 충격이었습니다. 그도 그럴 것이 바나나는 보통 단맛이 강한 과일 중 하나로 알려져 있으니까요.

엄선한 재배 방식으로 유명한 바나나를 사먹고 나서야 이 사실을 깨달았습니다. 약간 덜 익은 바나나였지만 판매자의 안내에 따라 후숙하지 않고 바로 먹어보았습니다. 신맛이 강한 듯하면서도 그 맛이 개운했고, 약간의 단맛과 어우러져 정말 맛있었습니다. 그래서 깨달았지요. 바나나의 참맛은 신맛과 단맛의 균형과 질에 있다는 걸 말입니다. 물론 어디까지나 제 기준입니다.

중요한 것은 제가 느끼는 **바나나 맛의 구조를** 명확히 알게 되었다는 점입니다. 그날 이후로는 바나나가 완전히 숙성되지 않도록 상온이 아닌 냉장고에 보관하고 있습니다. 숙성 속도를 늦추고 제가 좋아하는 새콤한 맛을 유지시키기 위해서지요.

핵심은 '구조'입니다

구조를 알면 여러 가지가 보입니다. **무언가를 배우고 익히고자 할 때는 우선 구조를 알아야 전체적인 흐름과 본질을 파악할 수 있습니다.**

이것은 전달하는 방법에서도 마찬가지입니다. 메시지가 전달되기 위해서는 다음 세 가지 항목이 중요합니다.

❶ 전달되는 구조를 이해한다.
❷ 전달되는 기술을 습득한다.
❸ 행동으로 옮긴다.

저의 전작 『기적의 생각 공식』의 독자 서평 가운데 "글이 무척 읽기 쉽고 머릿속에 쏙쏙 들어왔다"는 소감이 많더군요. 무척 기뻤습니다. 많은 사람들에게 사랑받아서도 기뻤지만, 제가 말하고자 한 바가 독자들에게 제대로 전달되었다는 사실이 가장 기뻤습니다.

원고를 쓸 당시 전달력을 높이는 여러 기술을 활용해 독자가 메시지를 완전히 이해하고 충분히 납득할 수 있도록 심혈을 기울였습니다. 특히 **읽는 사람의 머릿속을 상상하는 데** 중점을 두었지요. 구체적으로는 이런 부분에 주목해서 썼습니다.

- 이론을 쉽게 이해할 수 있도록 '예'를 최대한 많이 든다.
- 연애나 맛집 등 자신의 이야기 같아 공감하기 쉬운 친숙한 사례를 활용한다.
- 마치 독자와 책으로 캐치볼을 하는 감각으로 접근한다.
- 적절한 타이밍에 문단을 나누어 의도적으로 간격을 둔다.

즉 '전달되는 구조'를 의식하고 '전달되는 기술'을 사용해 책을 썼습니다.

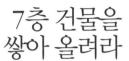

7층 건물을
쌓아 올려라

제가 생각하는 '전달되는 구조'는 7층 건물과 같은 구조입니다. 1층부터 차근차근 알아보겠습니다.

1층: 목표 설정

메시지가 효과적으로 전달되려면 우선 목표가 있어야 합니다. '무엇을 위해서'인지를 명확히 하는 일이지요. 누가 어떤 말을 하든지 간에 모든 말에는 의도와 목적이 분명이 존재합니다.

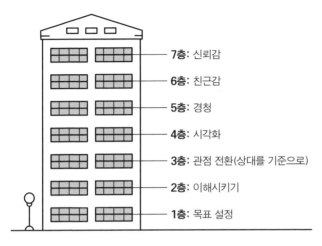

7층: 신뢰감

6층: 친근감

5층: 경청

4층: 시각화

3층: 관점 전환(상대를 기준으로)

2층: 이해시키기

1층: 목표 설정

전달되는 7층 구조

이를테면 잡담에도 목표가 있습니다. 분위기를 전환하는 아이스 브레이킹일 수도 있고 친하지 않은 상대와 가까워지려는 제스처일 수도 있습니다. 혹은 무료한 시간을 보내기 위한 수다가 목적일 수도 있지요. 무엇이 되었든 무엇을 얻고자 하는 행위인지 목표를 명확히 설정하는 것이 중요합니다.

2층: 이해시키기

그다음은 상대를 이해시키는 것입니다. 상대가 납득하고 이해해야 비로소 메시지가 제대로 전달되었다고 할 수 있겠지요. 한마디로 상대가 내 말에 수긍한다는 뜻입니다.

상대가 이해하고 수긍할 때 목표를 달성할 수 있습니다. "당신이 무슨 말을 하는 건지 잘 모르겠어요"라는 말을 듣는다면 자신의 메시지를 이해시키지 못한 것입니다.

"당신이 무슨 말을 하려는지는 알겠지만, 그래도 이해하기가 어렵네요"라는 말은 어떨까요? 역시 완전히 납득시키는 데는 실패한 것입니다.

3층: 관점 전환(상대를 기준으로)

팀장 이 안건이 확실히 전달되었나요?

팀원 네, 오전에 얘기했어요. 그런데 잘 모르겠다고 하더군요.

팀장 그럼 얘기가 제대로 오간 것이 아니지 않나요?

팀원 저는 분명히 다 말했는걸요.

회사에서 꽤 흔히 오가는 대화입니다. 여러분은 이런 상황을 겪은 적이 없나요? 실제로 '말하다'와 '(상대에게) 전달되다'를 동일한 의미로 오해하는 일이 자주 일어납니다. 하지만 상대가 충분히 이해하고 납득하지 못했다면 그것은 전달되었다고 할 수 없습니다. 그저 '전달했을 뿐'이지요.

왜 이런 오해가 일어날까요? 이 팀원처럼 '자신을 기준'으로 생각하고 상대는 부재 상태로 여기기 때문입니다. 전달한다는 것을 그저 '자신이 말하는' 것으로 잘못 생각하고 있는 셈입니다. 하지만 자신이 말을 전달하는 데서 그칠 게 아니라, 상대방에게 제대로 전달되도록 만들어야 합니다.

'전달된다=상대가 이해하고 납득하고 수긍한다'이런 상태에 이르려면 기준은 자기 자신이 아니라 상대방이 되어야 합니다.

자신을 기준으로 소통하는 사람은 전달하려던 내용이 제대로 전달되지 않으면 상대 탓으로 돌리기도 합니다. "몇 번이나 말했는데! 그 사람 잘못이야"라며 한탄하죠.

반면 상대를 기준으로 삼아 메시지를 전달하는 사람은 자신의 의사가 전달되지 않았을 때 표현을 바꾸거나 다른 방법을 시도하는 등 반드시 그것이 전달되도록 애씁니다. **상대를 기준으로 생각하는 것**. 이 책의 핵심입니다.

4층: 시각화

전달된다는 것은 상대가 이해하는 상태라고 할 수 있습니다. 그렇다면 상대의 이해를 돕는 방법으로 무엇이 있을까요? 그것은 바로 **상대의 머릿속에서 '시각화'가 일어나게 만드는 것입니다.**

예전에 살던 집 근처에 동네 밭에서 수확한 채소를 파는 직판장이 몇 군데 있었습니다. 어느 날 아내와 지나가면서 보니 '참마'라고 쓰인 작물을 판매하고 있었습니다. 먹어본 적이 없어서 궁금하던 참에 "어떤 맛일까?" 하고 아내에게 물어보았지만 아내도 잘 모른다고 하더군요. 그러자 농가 주인으로 보이는 분이 다가와 이렇게 설명해주었습니다.

"점성이 강하면서도 식감이 아삭합니다. 감자를 구워

먹듯이, 참마를 식감이 살아 있게끔 살짝 구워 먹으면 부드러우면서 아삭하니 맛있습니다."

그 말을 들으니까 나도 아내도 머릿속에 참마를 프라이팬에 구워 먹는 장면이 떠올랐습니다. 저와 아내는 그날 저녁에 참마를 맛있게 먹었습니다.

이 이야기에는 전달의 구조와 기술이 숨어 있습니다.

- 상대가 대상에 대해 잘 모른다.
- 상대가 잘 알 만한 것에 비유해 설명함으로써 이해를 돕는다.
- 구체적인 이미지를 떠올려볼 수 있게 설명해준다. 여기서는 '살짝 구우면 부드러우면서 아삭하게 먹을 수 있다'고 먹는 방법을 알려줘서 굽는 장면을 떠올리게 한다.

이야기를 듣고 저와 아내 모두 머릿속에 구운 참마가 식탁에 올라 있는 이미지를 상상할 수 있었습니다. 이것이 시각화입니다.

이해하기 쉽게 이야기한다는 평을 듣는 사람은 시각화하는 능력이 탁월한 사람이라고 생각해도 좋습니다.

만담을 좋아하는 제 친구는 재미있는 만담을 들으면 '경치가 보인다'고 했습니다. 마찬가지로 머리에 쏙쏙 들어오도록 알기 쉽게 이야기하는 사람은 눈앞에 경치가 그려질 만큼 메시지를 생생하게 전달할 수 있습니다.

방송에 나오는 리포터를 떠올려보세요. 음식을 맛깔나게 소개하는 리포터와 설명이 영 서툰 리포터의 차이는 어디에 있을까요?

"이 카레 정말 맛있네요!" 이 한마디뿐이라면 그 카레의 매력을 알 수가 없습니다. 듣는 사람은 맛의 포인트가 어디에 있는지, 다른 카레와 어떻게 다른지 알 수 없고 맛있는 이미지를 떠올리기도 어렵습니다.

반면에 설명을 잘하는 리포터는 **맛있는 카레를 '시각화'해줍니다.** 다음과 같이 오감을 고루 자극하며 매력을 전달하고 있을 것입니다.

- 시각 모양새, 형태, 볼륨감, 색깔 등

- **미각** 감칠맛, 단맛, 짠맛, 쓴맛, 신맛, 매운맛 등
- **후각** 향기로운 냄새, 고소한 냄새, 달콤한 냄새 등
- **청각** 지글지글 굽는 소리, 보글보글 끓는 소리, 호로록 마시는 소리 등
- **촉각** 사르르 녹는다, 쫀득쫀득하다, 바삭바삭하다, 포슬포슬하다, 찐득하다 등

이러한 요소를 감정과 버무려서 전달하면 음식의 이미지가 훨씬 선명하게 그려집니다. 머릿속에 시각화가 일어나는 것이죠.

5층: 경청

지인 중에 놀랄 만한 영업 실적을 올리는 사람이 있습니다. 어떻게 높은 실적을 달성할 수 있었는지 노하우를 물었더니 이런 대답이 돌아왔습니다.

"영업은 내가 가진 상품을 파는 게 아니라 상대에게 필요한 상품을 소개하는 겁니다. 그래서 저는 상품을 억지로 팔려고 애쓰거나 고객에게 구매를 강요하지 않습

니다. 먼저 고객의 이야기를 잘 듣고 우리 상품의 어떤 기능이 고객의 니즈를 충족시킬 수 있는지를 찾아내 알려주는 거죠. 만약 고객에게 필요한 상품을 찾지 못하면 솔직하게 말합니다."

이 말에 감탄했습니다. 영업 사원이 제품을 팔려고 노골적으로 밀어붙이면 누구라도 싫을 테니까요.

지나가던 길에 편하게 옷을 둘러보려고 옷가게에 들어갔는데 점원이 이것저것 권하면서 따라다니면 부담스럽고 약간 짜증이 나기도 합니다.

그러나 가끔은 '이 사람 대단하네' 하는 생각이 들 때가 있습니다. 예전에 옷가게 점원이 "그 가방, 오늘 입으신 옷과 정말 잘 어울리네요. 어디 제품이에요?" 하고 물었을 때 저도 모르게 그 대화에 빠져들었습니다. 점원은 구입을 권유하는 말을 한마디도 하지 않았지만 저는 옷을 샀습니다. 점원이 내 이야기를 들어주었기에 제 마음속에서 친근감이 생겨났고 호혜의 법칙이 작용했던 겁니다.

'호혜의 법칙'은 다른 사람에게 호의를 받으면 보답하고 싶어지는 심리입니다. 사람은 대개 은혜를 입으면 웬

지 마음이 불편해서든 진심으로 고마워서든 보답하고
싶어 한다고 합니다.

베스트셀러인 『기브 앤 테이크』를 비롯해 수많은 경
제경영서에는 '받기^{take}보다 먼저 주라^{give}'는 조언이 자주
나옵니다. 이것이 바로 호혜의 법칙입니다. 따지고 보면
매장 점원에게 '은혜를 입은' 것은 아니지만 '자신에게
관심을 가져주고 이야기를 들어줘서 고맙다'는 감정이
솟아난 것이죠. 그것만으로도 옷을 사고 싶어졌습니다.

6층: 친근감

친근감도 메시지가 전달되느냐 전달되지 않느냐를 좌우
하는 중요한 요소입니다. 친근감의 정반대 의미인 혐오
감을 생각하면 이해하기 쉽습니다. (내키지 않겠지만) 싫은
사람을 한번 떠올려보세요.

싫은 사람의 말은 도통 머릿속에 들어오지 않습니다.
틀린 말을 하는 게 아닌데도 어딘가 빈틈을 찾아내 꼬집
어주고 싶기도 하고, 그 사람의 말에 공감해주거나 동의
해주고 싶지도 않죠.

반면에 친근감을 느끼면 우리의 몸과 뇌는 상대를 받아들이려는 태세를 갖춥니다. 설사 상대의 말이 약간 이상하다는 생각이 들어도 호의적이고 긍정적으로 대꾸해주고 싶어집니다. 그 정도로 친근감은 소통에 큰 영향을 미칩니다.

친근감을 형성하는 방법을 몇 가지 소개합니다.

- 공통점을 찾는다.
- 상대에게 관심을 표현한다.
- 자신의 결점을 그대로 드러낸다.
- 항상 웃는 얼굴로 마주한다.

전달력이라고 하면 보통 '어떻게 말하는가' '어떻게 전하는가' 등 결과를 이끌어내는 능동적 행위를 떠올리지만, 이에 못지않게 경청과 친근감도 중요한 요소입니다.

한번 떠올려보세요. 언제 대화가 즐겁다고 느끼나요? 자신이 하고 싶은 이야기를 한껏 풀어놨는데 상대가 그 이야기를 귀담아 들어줄 때 아닌가요?

우선 상대의 말을 귀 기울여 들어주며 거리를 좁혀보세요. 둘 사이에 자연스러운 친근감이 생겨나면 상대도 당신의 말에 주의를 기울이기 시작할 것입니다.

7층: 신뢰감

어떤 유명한 경영자가 한 말입니다.

"많은 실패가 성공을 불러온다."

이 말을 듣고 어떤 생각이 드나요? 깊은 뜻이 함축된 가르침을 주는 말이라고 생각이 들지 않나요? 메모해두고 싶은 마음까지 생기지 않나요?

하지만 항상 실패만 되풀이하는 누군가가 이렇게 말한다면 어떨까요?

"지금 내가 겪고 있는 많은 실패가 장래에 꼭 성공을 불러올 겁니다."

아마도 '이 사람, 대체 무슨 말을 하는 거야!' 하는 생각이 들 것입니다.

사실상 두 사람의 말은 거의 같다는 걸 우리는 알고 있습니다. 차이점은 두 사람에 대한 '신뢰감'입니다.

전달되는 데 중요한 요소 중 하나가 바로 '신뢰감'입니다. 그렇다면 어떻게 신뢰감을 줄 수 있을까요? 신뢰감의 구성 요소에 대해 생각해보면 그 방법을 알 수 있습니다.

(신뢰감의 7가지 구성 요소)

자신 측

❶ 성실함·솔직함

❷ 스킬·능력

❸ 결과·성과

❹ 접촉 빈도

❺ 도덕성

상대 측

❻ 관심

❼ 의의·가치·동기

사람마다 생각하는 바가 조금씩 다르겠지만 저는 이 7가지 요소가 신뢰감을 형성한다고 생각합니다. 그리고 각각의 요소를 스스로 의식하면서 행동하다 보면 분명 신뢰감은 상승합니다.

모든 요소를 한 번에 완벽히 갖춰야 하는 것은 아닙니다. 이 중에서 한두 개 빠지는 요소가 있더라도 다른 요소에서 강세를 보이면 결국 신뢰도는 올라갑니다. 나머지는 상대와의 관계성에 달려 있지요. '이 사람 말이라면 신뢰할 수 있어' 하는 정도의 관계에 이르면 말하고자 하는 내용이 고스란히 전달될 가능성이 커집니다.

다음 장에서는 메시지가 효과적으로 전달되는 기술 16가지를 소개하겠습니다. 일상생활이나 비즈니스 현장에서 활용할 수 있는 대화의 비법은 물론, 광고 문구나 글쓰기에 유용한 노하우도 다루고 있습니다. 관심이 있는 부분부터 읽으면서 꼭 자신에게 접목해 활용해보세요.

잡담의 목적을
다시 생각하다

잡담이 서툰 사람이 은근히 많습니다. 저 역시도 잡담을 잘하는 편이 아니었습니다. 무슨 이야기를 해야 좋을지 모를 때가 종종 있지 않나요? 이를테면 엘리베이터 안에 친하지 않은 사람과 단둘이 있으면서 어색한 침묵이 흐르는 경우처럼 말이죠.

미팅이나 회의를 시작하기 전에 잡담을 하면 딱딱한 분위기를 풀 수 있습니다. 저도 예전에는 '아! 이 긴장감 도는 분위기가 풀려야 할 텐데' 하는 초조함에 본격적인 회의로 들어가기 전에 일부러 잡담을 시도하곤 했습니다. "점심은 드셨어요?"와 같이 무난한 소재에서 잡담의 실마리를 찾았습니다.

그럼에도 잡담에 대한 부담감과 불편함은 전혀 줄어들지가 않았습니다. 대체 이유가 뭘까? 나름대로 깊이 생각한 끝에 깨달았습니다. **해야만 한다는 강박이 오히려 잡담을 부담스럽게 여기게 만드는 원인**이었던 것이죠.

분위기를 풀어야만 하는 까닭은 무엇일까요? 나름의 목적을 달성하기 위해서입니다. '오늘 미팅에서 계약을 성사시키고 싶어.' '팀장님에게 진행하라는 확답을 받아내야 해.' 최종 목적은 미팅이나 회의의 성공이고, 잡담은 이를 위한 수단 중 하나였습니다. 그래서 막상 잡담을 하려 들면 긴장하거나 잘되지 않았던 것입니다.

저는 잡담의 목적을 다시 생각하기로 했습니다. 그리고 이렇게 결론을 내렸습니다. 잡담이란 아이스 브레이킹을 위한 것이 아니라 **상대와 좋은 관계를 맺기 위한 것**이라고 말입니다. 제 의식 속에 있던 잡담의 목적을 완전히 바꾼 것이지요. 서로의 인생에서 일정한 시간을 함께하게 되었으니 잡담이라는 수단을 통해 조금이라도 좋은 관계를 맺고 상대를 더 알아가야겠다고 말입니다.

이렇게 목적을 바꾸자 어떤 일이 벌어졌을까요? 그렇게도 부담스럽던 잡담이 더 이상 어렵지 않더군요. 오히려 그 시간을 편안하게 즐길 수 있게 되었습니다. **나아가 상대와의 관계가 비즈니스 이상으로 거듭나는 경우도 생겼습니다.**

다만 잡담 시간이 자칫 길어질 수 있으므로 이 점은 주의하고 있습니다. 자신도 모르는 사이에 시시콜콜한 대화에 빠져 진짜 주제를 논의할 시간이 줄어들면 안 되겠지요.

물론 하루아침에 잡담에 대한 부담이 줄거나 편해지지 않을 수 있습니다. 그럴 경우 평소에 **자신만의 잡담 소재**를 준비해두면 좋습니다.

처음 만난 사람에게는 '장소'도 좋은 잡담 소재입니다. 살고 있는 동네나 사무실이 있는 지역 혹은 최근에 가본 곳 등 장소에 관해 질문을 던지다 보면 거기서부터 이야깃거리가 점점 늘어날 가능성이 큽니다. 그다지 친분이 없는 회사 동료를 대할 때에는 최근에 맡은 업무 이야기가 무난한 잡담 소재가 되기도 합니다.

가상의 '어색한' 상황에 자신을 던져두고 시뮬레이션을 해보세요. 이렇게 이야기 소재를 평소에 생각해두면 잡담이 필요한 순간 머릿속이 하얘지는 일을 방지할 수 있습니다.

3장

센스 있게
전달하는
기술 16

단점을 드러내면
장점이 돋보인다

한번은 고깃집에 갔는데 소고기의 모든 부위를 먹을 수 있는 모둠 메뉴가 있었습니다. 갈비, 등심, 우둔살, 살칫살, 치맛살, 목심살, 설깃살…. 모든 부위가 다 맛있었지만, 부위별로 각기 다른 맛을 비교하는 묘미가 있었습니다. 기름기 많은 부위와 살코기가 많은 부위의 맛과 식감 차이를 느낄 수 있었죠. 한 가지 부위만 먹을 때는 알 수 없는 각각의 매력이 드러난 것입니다.

고유한 매력과 가치는 '비교'할 때 더욱 명확해집니다.

다른 것과의 차이가 두드러지고 본연의 특징과 매력은 부각되기 때문입니다.

순위를 매기는 것도 비교입니다. 마트에서 '판매 1위!' 라고 적힌 상품을 보면 어느새 손을 뻗게 되죠.

비교의 기술은 일상에서도 자주 사용됩니다. 이를테면 '지난번 기획보다 좋네요' '전년도 대비 120% 상승했습니다' 등은 확실히 귀를 사로잡습니다.

비교는 다른 것과의 차이를 두드러지게 보여줄 뿐 아니라 상황을 판단하는 안목도 길러줍니다.

방송 작가이자 작사가로도 활약 중인 한 유명인이 예전에 라디오 방송에서 이런 이야기를 했다고 합니다.

"어떤 일에 대해 가장 좋은 수준과 가장 나쁜 수준을 알고 있으면 비슷한 일이 벌어졌을 때 어느 수준인지를 판단할 수 있다."

단점이 일하게 하라

앞에 소개한 청과물 가게 이야기는 **단점을 드러냄으로써 장점을 돋보이게** 하는 비교의 기술을 잘 활용한 사례였습니다.

초밥을 먹으러 식당에 갔다가 셰프에게 메뉴를 추천받은 적이 있습니다.

"생긴 건 좀 별로지만 맛은 아주 좋습니다."

셰프의 말을 듣고 먹어보니 정말 맛있었습니다. 그냥 '맛있다'라고 건조하게 소개하기보다 '못생겼지만 맛있다'는 말을 덧붙이니 생김새의 단점과 대비되어 맛이 기대 이상으로 느껴지는 효과가 났던 것입니다.

최근 푸드 로스(food loss, 먹을 수 있는 상태인데 버려지는 식품 – 옮긴이 주)가 사회 문제로 대두되면서 형태나 모양이 좋지 않은 식품을 버리지 않고 친환경 컨셉으로 유통하거나 새로운 아이디어 상품으로 내놓는 사례가 늘고 있습니다. 무인양품MUJI의 '못난이 바움쿠헨'이 대표적인 사례입니다. 결과적으로 이는 맛에 대한 자신감과 식재료를 소중히 여기는 자세를 돋보이게 해주지요.

이런 식으로 비교하는 방법은 쉬우면서도 효과가 분명해서 저도 편집 업무에 적극 활용하고 있습니다.

배신과 반전의
묘미를 살려라

도입이 서툴면 이야기가 지루해진다

콩트나 만담에는 '도입과 결말'을 이용한 기술이 자주 사용됩니다. 도입부는 '이다음에는 분명 이런 이야기로 흐르지 않을까' 하고 예상하도록 구성합니다. 반면 결말은 앞서 예상한 흐름을 완전히 뒤엎는 마무리로 의외성과 놀라움을 자아내거나 웃음을 만들어냅니다.

자신의 생각과 마음을 상대에게 전달할 때도 도입과 결말을 잘 구성하는 것이 매우 중요합니다. 다만 전달하는 방법이 개그와는 조금 다릅니다. **효과적인 전달이 목적이라면 도입과 결말 사이에 반전 요소나 의외성을 극대화해서 결말의 가치를 시각적으로 더욱 부각하는 것입니다.**

아래 두 문장을 비교해봅시다.

① "우리 아이가 이번에 도쿄대에 합격했어!"
② "우리 아이가 8등급이었는데 고3 때 열심히 공부하더니 학원도 안 다니고 도쿄대에 합격했어!"

주변 사람으로부터 첫 번째 문장과 같은 말을 들으면 어떨까요? "와, 정말 똑똑하네요!" 이런 반응이 나올 것입니다. 두 번째 경우는 어떨까요? '대체 어떻게 공부한 걸까? 어떻게 그런 짧은 기간에 성적을 올릴 수 있었던 거지?' 하며 단번에 관심이 생기겠지요. '도입과 결말의 기술'의 효과가 드러나는 순간입니다.

"우리 아이가 8등급이었는데 고3 때 열심히 하더니 학원도 안 다니고(도입) 도쿄대에 합격했어!(결말)"

어떤 도입이 전제되어 있느냐에 따라 전달되는 결말의 가치가 크게 달라집니다.

이 기술을 잘 활용해서 베스트셀러에 오른 책이 있습니다. 『전교 꼴찌 불량소녀가 1년 사이에 성적을 1등급으로 올려서 게이오대학에 합격한 이야기』(영화 〈불량소녀, 너를 응원해〉의 원작 – 옮긴이 주)라는 책입니다. '전교 꼴찌인 불량소녀가'라는 도입부가 있어서 명문대인 '게이오대학에 합격했다'는 반전의 결말이 주목을 끌었습니다.

'고등학교 시절 내내 성적이 상위권이었던 우등생이 단번에 게이오대학에 합격한 이야기'라고 하면 전혀 놀랍지 않습니다. 도입부와 결말 사이에 의외성이나 놀라움, 신기함 또는 동경의 요소가 있을 때 사람들의 관심과 흥미를 불러일으킬 수 있습니다. 절대치 또는 극적인 반전의 이미지를 만드는 것입니다.

또 하나 예를 들어봅시다. 다이어트 제품 광고입니다.

"체중 80kg였던 사람이 무려 20kg 감량에 성공!"

　다이어트 전후 몸무게를 비교한 것이죠. 이 역시 도입과 결말의 큰 격차에 바탕을 두고 있습니다. 다이어트 이후 몸무게만 제시되었다면 무엇이 대단한 건지 알 수 없었을 겁니다. 다이어트 이전의 몸무게를 알려주었기에 놀랍게 느껴지는 것이죠.

　이 책의 프롤로그 제목도 이 기법을 따르고 있습니다. '전달하는 말하기에서 전달되는 말하기로'였죠. '전달되는'이라고만 하면 '그야 그렇지, 말이 전달되는 기술은 중요하니까' 하는 정도의 인상밖에 안 남을지도 모릅니다.

　하지만 '전달하는'이라는 도입부가 있으면 어떤가요? '어라? 지금까지 나름대로 전달한다고 했는데 실제로는 전달되지 않았을지도 모르겠네' 하는 생각이 들 것입니다. 그리고 독자가 결말에 해당하는 부분을 '자신의 일'처럼 느끼고 호기심을 가지게 해줍니다.

매력적인 도입과 결말 만드는 법

그렇다면 도입과 결말을 어떻게 구성하면 좋을까요? 추천하고 싶은 방법은 **뺄셈과 덧셈**입니다.

『전교 꼴찌 불량소녀가 1년 사이에 성적을 1등급으로 올려서 게이오대학에 합격한 이야기』나 다이어트 제품 광고 사례는 **뺄셈**의 방식에 해당합니다.

현재 상태(결말)에 비해 반전(변화)의 폭이 큰 이전 상태를 도입부로 설정하는 것이죠.

반면 **덧셈** 방식의 도입과 결말 구조는 이런 식입니다. 장어구이를 예로 들어보겠습니다.

맛있는 민물 장어

장어를 더 먹어보고 싶게 도입부를 넣어보겠습니다.

숯불에 구워 더욱 맛있는 민물 장어

'숯불에 구워'가 도입 부분에 해당합니다. 더 맛있게

느껴지도록 만들어볼까요?

　　창업 이래 50년간 이어온 비법 소스를 사용해 숯불 장
　　인이 만든 최상급 참숯으로 구운 맛있는 민물 장어

　'창업 이래 50년간 이어온', '비법 소스', '숯불 장인이
만든', '최상급 참숯으로 구운'이라는 표현 네 가지가 도
입 장치로 들어갔습니다.

　어떠세요? 이런 장어구이, 먹어보고 싶지 않으세요?
똑같이 장어구이를 홍보하는 문구인데 더 매력적으로
느껴지지 않나요? 도입 부분을 추가함으로써 결말의 가
치를 높이는 것이 덧셈 방식입니다.

　덧셈 기술을 일상에서도 활용해볼까요?

　　"이 운동화, 가는 매장마다 매진이어서 열 군데나 더
　　돌아다닌 끝에 겨우 샀어요. 인기가 엄청나네요."

밑줄 친 부분이 전부 도입 부분에 해당합니다. 이렇게 말하면 "이 운동화, 인기가 엄청나네요"라고만 들을 때보다 그 운동화가 몇 배나 인기 있는 것처럼 느껴집니다.

"자료를 제출합니다. <u>많은 시행착오를 거쳐 10시간 만에 작성했습니다.</u>"

그저 "자료를 제출합니다"라고 보고할 때와는 달리 얼마나 열심히 작성했는지 그 노고가 고스란히 전해지지 않나요? 작성하는 데만 10시간이 걸린 자료라면 상대방도 대충 보지 않고 꼼꼼하게 읽어보려고 하지 않을까요?

도입과 결말의 구조를 사용하면 일의 과정도 함께 보여줄 수 있어 유용합니다. 매장을 열 군데도 넘게 찾아다닌 끝에 겨우 산 운동화, 시행착오를 거쳐 10시간 만에 작성한 보고서처럼 일의 과정이 선명하게 그려지면 같은 결과라도 가치가 더 높아질 수밖에 없습니다.

데이트 신청에 성공하는 방법

호감 가는 이성이나 친구에게 데이트를 신청할 때도 이 방식을 활용할 수 있습니다.

① "무척 인기가 많은 레스토랑이 있는데 이번에 함께 가지 않을래?"

② "최근에 가본 레스토랑 중에 괜찮은 곳이 있었어? 아, 멋진 곳 같네! 역시 좋은 데를 알고 있구나! 그러고 보니 거기만큼 인기가 많은 레스토랑이 있어서 가보려던 참인데, 괜찮으면 이번에 같이 갈래?"

밑줄 친 부분이 도입 부분에 해당한다는 것을 이제 알 수 있을 겁니다.

먼저 질문을 던져 자신이 전할 메시지를 공통 화제로 만들어놓습니다. 그러면 상대는 자신의 관심사와 잘 들어맞는 당신의 이야기에 호감을 갖게 됩니다. 거기에 더해 평이 좋고 인기가 많은 장소나 활동을 제안하면 당장 '예스'라는 대답을 들을 가능성이 높아지죠. (물론 거절당하는 경우도 생길 수 있습니다. 그 사람과 인연이 아닐 뿐입니다.)

아무리 좋은 제안도 급작스러우면 거절당하기 쉽습니다. 상대가 머릿속에서 자연스럽게 납득할 수 있도록 연결하는 것이 핵심입니다.

오랫동안 인구에 회자되는 말인 명언에도 도입과 결말의 구조가 많이 사용됩니다.

에도시대 후기의 정치가이자 군인이었던 다카스기 신사쿠가 남긴 명언이 대표적입니다.

"재미있는 일 없는 세상을 재미있게!"

이 말을 도입부 없이 표현한다면 '인생을 재미있게!'가 되겠지요. 그랬다면 아무런 감흥이 없어 명언으로 많은 사람들의 입에 오르내리지 못했을지 모릅니다. '재미있는 일 없는 세상을'이란 **도입부가 없었으면 결말의 매력이나 가치가 고스란히 전달되기 어려웠을 것입니다.**

섞어야 할 때와
분리해야 할 때

분리해야 할 때

어떤 목적으로 말을 할 때, 전달하는 요소가 두 가지로 나뉜다는 사실을 간과하기 쉽습니다.

팩트 = 사실/현상

멘탈 = 감정

그리고 자신도 모르게 이 두 가지 요소를 뒤섞을 때가

많습니다.

"왜 제대로 보고하지 않은 거죠? 그 바람에 문제가 더

커졌잖아요!"

팀장이 팀원의 업무 실수에 화를 내는 상황입니다. 팀
장은 두 번 다시 같은 실수를 되풀이하지 말라는 의미로
꾸짖었다 해도 과연 팀원에게 그 마음이 전해질까요?

"왜 보고하지 않은 거죠?"라는 질문은 팩트를 전하는
말입니다. 반면에 "그 바람에 문제가 더 커졌잖아요!"라
는 질책은 팩트와 멘탈 모두를 전하는 말이지요. 팀원 입
장에서는 멘탈 쪽의 말이 너무 강해서 팩트를 순순히 들
을 수 없을지도 모릅니다.

팀장은 팩트를 전하고 싶은데 팀원은 멘탈의 말에 마
음이 상했습니다. 결과적으로 팀장은 '단지 화를 내고 싶
을 뿐' 또는 '자신의 권위를 내세우려는 것'이라는 차가
운 시선을 받게 됩니다.

완전히 서로 어긋나 있지요. 안타깝습니다! 이래서는

본심이 조금도 전달되지 않습니다. 말하기에 앞서 **'팩트 전달'과 '멘탈 전달'을 나눠서 생각하세요.**

또 하나의 사례를 소개하겠습니다. 부부의 대화입니다.

> **아내** 있잖아, 좀 들어봐. 오늘 회사에서 열 받는 일이 있었어. 내가 잘못한 게 아닌데 업무 실수를 내게 뒤집어씌우지 뭐야. 너무하지 않아?

> **남편** 너무하네. 서로 커뮤니케이션이 부족해서 그런 일이 일어난 것 같은데, 앞으로는 대화를 좀 더 많이 나눠보는 게 어때?

남편의 말은 아내에게 전혀 와닿지 않습니다. 남편이 팩트 전달과 멘탈 전달을 별개로 생각해야 한다는 사실을 아직 깨닫지 못했군요. 아내는 심한 일을 당한 데 대해 공감을 얻고 싶었던 것인데(멘탈) 남편은 문제의 원인과 해결책에 대해 대답한(팩트) 것입니다.

이런 식의 대화로 싸우는 연인들이 참 많지요. 저 역시 이 같은 경험을 수차례 했습니다. 인간은 언어가 있기에 지금까지 번영해왔다고 말하지만, 한편으로 언어는 오해를 빚어낼 수밖에 없는 골치 아픈 것이기도 합니다.

어쩔 수 없이 커뮤니케이션에는 항상 멘탈의 요소가 따라다닙니다. **전하고 싶은 말이 있을 때는 팩트와 멘탈을 구분해 생각하고 전달하세요.**

이 사실만 명심해도 전달력이 크게 향상될 것입니다.

섞어야 할 때

그런가 하면 팩트와 멘탈을 적절히 섞었을 때 훨씬 잘 전달되는 경우도 있습니다. 두 가지를 효과적으로 섞는 것이 바로 '팩트와 멘탈의 기술'입니다.

특히 광고 카피에 이 기술이 사용된 사례가 많습니다.

"맛있다!(멘탈) 싸다! 빠르다!(팩트)"

규동으로 유명한 프랜차이즈 브랜드인 요시노야가 내

세운 캐치프레이즈가 이에 해당합니다.

"오!(멘탈) 가격 이상이야!(팩트)"

가구와 인테리어 용품 전문점인 니토리의 캐치프레이즈로, 팩트와 멘탈을 동시에 겨냥한 뛰어난 카피입니다. '오'라고 하는 감탄사로 독특하고 가성비 좋다는 핵심 메시지가 더욱 효과적으로 전달되고 있습니다.

"그만둘 수 없어(멘탈), 멈춰지지 않아!(팩트)"

식품회사인 카루비에서 출시한 베이커리 제품의 광고 카피입니다. 사실 두 문장은 같은 의미이지만, 멘탈 측면과 팩트 측면에서 살짝 뉘앙스를 달리해 반복하고 있습니다.

"바로 맛있게!(팩트) 아주 맛있게!(멘탈)"

세계 최초로 컵라면을 개발한 닛신식품의 치킨 라면 광고 카피도 마찬가지로 같은 말을 두 가지 측면에서 반복하고 있습니다.

팩트와 멘탈의 기술은 일상의 대화와 글에도 얼마든지 사용할 수 있습니다. 노래방에서 친구가 부르는 노래를 듣고 이런 식으로 감상평을 이야기하면 어떨까요?

> "꽤 높은 음까지 올라가네(팩트). 음색도 좋고(팩트). 멜로디에 실린 목소리가 꼭 마음을 울리는 듯해(멘탈). 정말 잘 부른다!(멘탈)"

이렇게 팩트와 멘탈의 조합으로 칭찬받으면 저라도 기분이 좋을 것입니다. 집에서 가족이 만든 음식을 칭찬할 때는 이렇게 해보세요.

> "간이 아주 딱 맞고(팩트) 굉장히 맛있어!(멘탈)"

저와 같은 편집자들도 다음과 같은 방식으로 팩트와 멘탈을 자주 섞어 사용합니다.

- 논리(데이터)×감정
- 기능적 장점×공감
- 기능을 전달한다×감정을 전달한다

"사람은 하루에 6만 번 정도 무언가를 생각한다고 합니다. 잠자는 시간을 제외하면 대략 1초에 한 번은 생각하고 있는 셈입니다.(굉장하네요!)"

저의 전작 『기적의 생각 공식』에서 가져온 예문입니다. 논리(데이터)를 소개하고 "굉장하네요!"라는 감정 표현을 덧붙였습니다.

"굉장하네요!"라는 말이 없어도 의미는 전달됩니다. 하지만 '이 사실을 알려주고 싶다' 하는 마음이 있기에 멘탈의 말을 추가한 것이지요. 이 말을 덧붙여서 이 글을 읽는 사람에게 강한 인상을 남기고 싶었습니다.

그 책에는 이런 내용도 있습니다.

"인간의 뇌는 자신에게 유리할 대로 사물을 보고 판
단하는 경향이 있다고 합니다. 싫은 사람 또는 불편한
사람에게서는 싫은 부분이나 불편한 부분만 볼 가능
성이 높습니다.
어떻습니까? 당신이 거북하게 여기는 사람이나 싫은
사람을 떠올려보세요. 그 사람의 좋은 점은 얼마나 떠
오르나요?"

먼저 뇌의 '기능'을 전한 다음 자신의 일로 여기도록
'공감'할 수 있는 질문을 던졌습니다. 이 또한 전하고 싶
은 것을 제대로 전하기 위한 기술입니다.

머릿속 이미지를
공유하라

서로의 말과 생각이 일치하지 않는 상황은 의외로 자주
일어납니다.

팀원 일이 너무 힘듭니다.

팀장 그렇게 성장하는 거예요. 힘냅시다!

사실 두 사람이 머릿속으로 하는 이야기는 이렇습니다.

팀원 일이 너무 많다는 얘기라고요!

팀장 이 정도로 엄살은, 약해빠졌어.

이런 상황이라면 서로 불행하지 않을까요? 물론 가치관이나 우선순위는 사람마다 다르겠지요. 완전히 똑같을 수는 없습니다. 하지만 **커뮤니케이션이 어긋나는 현상은 개선할 수 있습니다.** 그 방법이 바로 '뇌 튜닝'입니다.

뇌 튜닝은 서로의 머릿속에 있는 목표점과 이미지를 공유하는 작업입니다. 이 작업의 핵심은 세 가지입니다.

❶ 상대와의 목표점을 공유한다.

❷ 질문으로 튜닝한다.

❸ 서로의 머릿속을 시각화시키면서 진행한다.

뇌 튜닝의 첫 번째 포인트는 **상대와 목표 지점을 공유하는 일**입니다. 목표를 공유하지 않으면 아무리 시간이 지나도 상대에게 내 생각과 마음이 전달되거나 서로 이해하는 상황에 이르지 못합니다.

두 번째 포인트는 **질문**입니다. 악기는 음을 내면서 튜닝을 하지만 커뮤니케이션은 질문을 던져 **상대의 '뇌 속에 있는 이미지'를 찾아나갑니다.**

친한 미용사에게 이런 이야기를 들었습니다. 미용사가 머리카락을 자를 때 가장 유의해야 하는 사항이 있다고 합니다. 고객이 생각하는 이미지와 미용사 자신이 이해한 이미지가 다르다는 사실을 인식해야 한다는 것입니다.

우리 모두 이런 일 한 번쯤 겪어보지 않았나요? 지저분한 머리를 정리하려고 "조금만 잘라주세요"라고 했는데 완성된 머리를 보면 생각했던 것보다 훨씬 짧은 경험 말이에요.

그는 유능한 미용사라면 고객에게 "3cm 정도 잘라주세요"라고 요청받아도 거기서 한 번 생각해야 한다고 말했습니다. 사람마다 모발의 질이나 목덜미 길이 등이 달라 실질적인 결과물은 다르게 나올 수 있다고 합니다. 고객 중에서도 자신의 특징을 정확히 알지 못하는 사람이 많기 때문에 서로 생각하는 이미지를 확인할 필요가 있는 것이죠. 그것이 바로 뇌 튜닝입니다.

미용사는 고객의 모발이 어떤 특성을 지니고 있는지를 알려주고, 고객이 원하는 이미지를 확실히 물어봅니다. 고객은 미용사에게 원하는 헤어스타일 사진을 보여줄 수 있습니다. 수많은 데이터를 갖고 있는 미용사가 과거의 실패 사례도 얘기해줄 수 있지요. 서로의 머릿속 이미지가 가능한 한 유사해지도록 조율해가는 겁니다.

이처럼 말로만 전달하기 어려울 때 그림이나 사진을 함께 보면서 서로 갖고 있는 이미지를 맞춰가는 것이 뇌튜닝의 세 번째 포인트입니다.

그러면 앞의 팀장과 팀원의 대화 사례에서는 어떻게 머릿속을 튜닝해야 할까요? 이 경우, 두 사람의 가치관도 다르겠지만 입장 차이가 큰 영향을 미쳤을 것입니다. 생각을 완전히 일치시키기는 어렵겠지만 **서로가 '왜 그렇게 생각하는지'는 확인할 수 있습니다.**

팀장은 팀원이 성장하기를 바랍니다. 성장은 현재 자신을 뛰어넘는 노력이 필요하므로 이 정도 힘든 일쯤은 이겨내주길 바랍니다. 반면 팀원은 '너무 바빠서 당장 눈앞에 닥친 업무를 처리하는 것만으로도 벅차다, 성장 같은 걸 생각할 여유도 없을 정도로 버겁다, 물론 성장하고 싶지만 우선은 업무를 더욱 효율적으로 진행할 수 있게 상사가 일정을 조정해줬으면 좋겠다'는 생각을 하고 있을지도 모릅니다.

두 사람의 뇌 속을 튜닝하면 다음과 같습니다.

- 두 사람 모두 '성장'에 관해서는 같은 생각이다.
- 팀장은 팀원이 노력으로 해결하길 바라는 반면 팀원은 팀장이 업무를 조율해주길 바라고 있다.

이 부분을 공유하는 것이 좋습니다. 서로 질문을 주고받으면서 어떤 노력이 필요한지, 어떻게 업무를 조율할지를 시각화해보면 해결의 실마리가 보일 것입니다. 서로 불만과 스트레스를 안고 지내는 것은 손해지요. 이 방법만 적극적으로 활용하면 적은 에너지로 더 좋은 성과를 낼 수 있습니다.

참고로 질문을 할 때 유의해야 할 점은 다음과 같습니다.

- 상대를 몰아붙이는 질문은 하지 않는다.

- 양자택일을 요구하는 질문은 하지 않는다.

- 자신의 의견에 동의하도록 유도하는 질문은 하지 않는다.

- 상대의 의견을 들으면서 질문한다.

- 상대에게 관심을 가지고 질문한다.

이때 **스마트폰이나 노트를 활용하길 권합니다.** 시각적 자료를 함께 확인하며 대화하는 편이 목표점을 공유하는 데 효과적입니다. 그저 멀뚱히 얼굴을 마주보며 이야기하면 서로 맞춰지기보다 입장 차이가 확연해질 수 있습니다. 가능하다면 시각화하면서 튜닝을 진행하는 것이 좋습니다.

5. 바꿔 말하기의 기술

같은 말도
이왕이면
긍정적으로

"나이 드는 것은 노화가 아니라 진화다."

어떤 인터뷰에서 유명 여배우가 한 말입니다. 이 말을 듣고 나서 나이 드는 것이 더 이상 불안이 아니라 기대로 다가오게 되었습니다. 이후로 노화를 피부로 느낄 때면 '이건 진화야!' 하고 스스로를 위로합니다. 이 한마디 덕분에 실제 나이보다 젊게 보이고 싶은 마음을 내려놓고 나이를 당당히 말할 수 있게 되었습니다.

이 배우의 말뿐 아니라 지금까지 수많은 말에 공감과

위로를 느끼며 마음을 기대어왔습니다.

말의 힘이란 참 대단하지요. 언뜻 같은 말인 듯해도 어떻게 표현하는가에 따라 상대에게 전달되는 가치가 완전히 달라집니다. **이왕이면 자신에게나 상대에게나 긍정적인 메시지를 주는 것이 좋겠지요.** 용기를 불어넣거나 불쾌한 감정을 덜어주는 겁니다. 그럴 때 힘을 발휘하는 것이 바꿔 말하기입니다.

바꿔 말하기는 전달하는 가치를 변환하거나 다른 말로 표현하고 싶을 때 사용하는 방법입니다. 게다가 자신을 즐겁게 해주는 방법이기도 하지요.

이를테면, 비가 내려서 우울한 기분이 들 경우 '비 오는 날은 그동안 건조했던 피부가 촉촉해지는 날'이라고 바꿔 말해보세요. 비가 와서 오히려 이득을 얻는 기분일 것입니다.

저는 뭔가 내키지 않는 기분일 때 그것을 차라리 '아이디어 부족'이라고 바꿔 생각합니다. 그렇게 하면 설령 내키지 않는 회의가 있어도 창의적인 아이디어가 부족해서라고 여기고, 그 회의를 의미 있는 시간으로 만들기 위해 아이디어를 짜내려고 노력하게 됩니다.

말의 힘은 굉장히 크거든요. 부정적인 일은 가능한 한 긍정적으로 바꿔 말하면 마음가짐이 달라져 행동을 바꾸는 계기가 되기도 합니다.

극단적인 단어 필터링하기

바꿔 말하기는 **상대가 좀처럼 이해하지 못할 때**나, **직접적인 표현이 공격적으로 들릴 수 있을 때** 힘을 발휘합니다.

'말이 너무 심했어' 하고 후회한 적이 있나요? 열정이 과하다 보면 실제 의도와 다르게 말이 강하게 나가는 경우가 있습니다. 저도 그런 적이 여러 차례 있습니다. 물론 그럴 때마다 반성했지요.

특히 **극단적인 단어는 바꿔서 표현해야 좋은 말**입니다. 가령 '항상', '전부', '조금도'와 같은 단어들은 부정의 뜻을 강화합니다.

"왜 항상 지각하는 거지?"

"대체 몇 번이나 말해야 알아듣겠어?"

이런 식으로 말할 때 '항상', '대체'는 극단적인 단어에 해당합니다. 다른 말로 바꿔서 말해보세요.

"왜 한번씩 지각하는 거지?"
"여러 번 말했으니 신경 써줬으면 좋겠어."

이럴 때도 바꿔 말할 수 있습니다.

A 아, 어째서 실패한 걸까…
B 실패는 **'과제 발견'**이라고 바꿔 말해보는 게 어때?
   실패에는 깨달음과 배움도 많이 따르니까 앞으로
   어떻게 할지를 생각하면 좋을 것 같아.

실패를 후회의 대상으로 여기지 말고 미래의 양식으로 삼는 것이죠. 이렇게 바꿔 말할 수 있으면 스스로 성장하는 데도 큰 도움이 됩니다.

말을 바꿔서 표현하면 사고를 바꿀 수 있습니다.

사고가 바뀌면 행동도 바뀝니다.

행동이 바뀌면 미래가 바뀝니다.

바꿔 말하기는 미래를 바꾸는 첫걸음이기도 합니다.

새로운 가치를 발견하는 과정

매니지먼트를 주 업무로 하는 리더들과 이야기를 나누다 보면 이런 말을 자주 듣습니다.

"그 직원은 문제를 자주 일으키고 손이 많이 가요."

"꼭 해야 하는 일을 자꾸 잊어버리는 팀원이 있습니다."

그들이 이런 불만을 갖는 이유는 매니지먼트를 '관리와 성과'로 여기는 사고가 바탕에 깔려 있어서가 아닐까요? 일을 잘하는 직원도, 일을 잘 못하는 직원도 있기 마련입니다. 일을 못하는 팀원을 관리하는 일을 **'장기 투**

자'로 바꿔 생각해보면 어떨까요? 당장은 실질적인 성과가 나오지 않을지 모르지만 미래에 큰 성과를 이루어낼 인재를 양성하는 시기라고 생각해보는 것이지요. 이렇게만 해도 스트레스가 훨씬 줄어들 것입니다.

저 역시 이 기술을 자주 사용합니다. 가령 불안한 일이 있으면 스스로에게 '지금은 단련하는 과정'이라고 일러줍니다. 실패나 실수가 있으면 '새로운 과제의 발견'이라 여기고 해결하기 위한 실마리를 얻고자 합니다. 그렇게 하면 스트레스가 확연히 줄고 실수나 실패한 일 그 자체보다도 어떻게 새롭게 얻은 과제를 해결할지에 집중하게 되어 한 단계 성장할 수 있는 계기가 됩니다.

바꿔 말하기는 비즈니스에서도 아주 유용합니다.

모양새가 반듯하지 않은 빵을 '사연 있는 빵'이라고 이름 붙여 판매한다거나 어느 제과회사가 콩의 단백질을 사용한 닭튀김을 '죄 없는 닭튀김'이라고 이름 지어 대박난 사례도 모두 바꿔 말하기의 좋은 본보기입니다. 단어를 바꿔 달리 표현함으로써 상품이나 서비스 가치가 올라가고 더욱 재미있고 개성 있는 상품과 서비스로 거듭

날 수 있습니다.

나만의 '바꿔 말하기' 단어장 만들기

아래의 표는 제 나름대로 정리한 '바꿔 말하기 단어' 목
록입니다. 여러분도 꼭 자신만의 바꿔 말하기 단어장을
만들어보세요.

원래 단어(Before)	대체 단어(After)
성장	해방
실패 · 실수	새로운 과제 발견 · 깨달음
험담 · 불평	새로운 과제 · 깨달음
자존감이 낮다 · 자신감이 없다	겸손하다
무기력하다	휴식 시간
싫다	다양성 · 다른 시각
집착	신념
불안 · 걱정	수행 · 단련
노화	진화
하기 싫은 일	기회
피로 · 지치다	고생했다 · 애썼다
분노	록(음악)
매니지먼트	장기 투자
회의 · 사전 미팅	시합

질투	자기 확인
성과	목표 달성
가설	미래 설계
바보 · 멍청이	아쉬움
매출	행복의 수치화
다이어트	건강 프로젝트
비 오는 날	피부 보습
더운 날	천연 디톡스
배고프다	맛있게 먹을 준비
타협	윈윈
긴장	도전
책임	신뢰
협상	상생
인내	게임
짜증	디저트 타임
최악의 날	좋은 일만 생길 예정
시시하다	노력 부족
나약하다	여리다

시원하게
담장을 넘는
홈런 한 방

'○○계의 스타벅스'

'○○계의 나이키'

이런 말을 들으면 처음 듣는 회사명이라도 어떤 회사인지 단번에 이미지를 떠올릴 수 있습니다. 이렇게 가까운 사례를 찾아 비유하세요. 이러쿵저러쿵 부연 설명 없이 **메시지를 가장 간단명료하게 전달할 수 있는 기술**입니다. 야구로 치면 홈런이라고 할 수 있겠죠. 비유의 기술은 단숨에 이미지를 시각화하고 대상과의 거리감을 좁히는 효과가 있습니다.

"컴퓨터는 지성의 자전거다." 스티브 잡스가 한 말입니다. 무릎을 치게 하는 비유이지요.

이렇게 **추상적인 비유를 한 뒤에 구체적인 예를 들면 의미가 한층 확실히 전달됩니다.** 상대가 머릿속에서 생생하게 그려볼 수 있게 도와주는 것이지요.

저의 전작 『기적의 생각 공식』에서도 예시를 많이 활용했습니다. '예를 들면'이라는 말을 57번이나 썼을 정도입니다. 그중 한 가지를 소개하겠습니다.

"새로운 아이디어는 자신의 두뇌 밖으로 나와 생각지도 못했던 것과 만나 비로소 탄생합니다. 예를 들면 대박 난 『마법의 똥 한자』가 그렇습니다. 웃음 가득한 '똥'과 '한자'의 만남을 생각해내다니 정말로 멋진 발상입니다."

맞춤형 소재를 찾는 것이 관건

비유의 핵심은 **상대가 이해하기 쉬운 소재를 고르는 것**입니다. 상대가 한 명이라면 그 사람이 이해하기 쉬운 소재를, 상대가 여러 명이라면 모두가 이해할 수 있는 소재를 선택하는 것이 바람직합니다.

만약 상대가 축구 마니아라면 이런 식이 좋겠지요.

> "일할 때는 디테일한 부분까지 신경 쓰는 게 중요해. 축구로 말하자면 공을 빼앗기지 않는 기술이지. 축구에서 공을 빼앗겨 실점하는 상황이 자주 벌어지듯이 일에서도 세세한 부분을 소홀히 하다 공 다툼에서 지면 좋은 성과가 나오지 않거든."

이 이야기는 축구에 관심 없는 사람이 들으면 별다른 감흥이 없을지도 모릅니다. 반면 축구를 좋아하는 사람이라면 단번에 무슨 말인지 이해될 것입니다. 상대의 이해를 돕는 아주 적절한 비유입니다. 저도 축구를 좋아해서 '공을 빼앗기지 않는 것 = 일의 디테일'이라는 비유가 단번에 와닿거든요.

여러 사람에게 전달하는 상황에서는 축구처럼 사람마다 관심거리가 다를 수 있는 비유 말고, 누구나 공통적으로 공감할 수 있는 대상에 비유하는 것이 좋습니다.

치킨이나 피자 같은 대중적인 음식이나 맥도널드나 스타벅스 같은 세계적인 브랜드, 혹은 화제가 된 뉴스를 활용하면 의미를 전달하기 훨씬 쉽습니다. 예를 들면 이런 식이지요.

> "일할 때는 디테일한 부분까지 신경 쓰는 게 중요해. 식당에서 음식은 맛있는데 물컵에 이물질이 묻어 있거나 서비스가 불친절하면 불쾌할 때가 있잖아. 맛만 좋으면 되는 게 아니라 손님이 기분 상하지 않도록 세심한 것까지 소홀히 하지 않는 게 중요하거든. 일도 음식점이나 마찬가지로 디테일한 부분을 소홀히 하면 좋은 성과가 나오지 않아."

이렇게 같은 메시지를 전달한다 해도 상대에 맞춰 사

례를 적절히 바꿔주세요.

비유할 때 주의점

단, 지나치게 과장한 비유는 오히려 역효과를 낳습니다.

얼마 전 일에서 역경을 극복하고 성공을 거머쥔 이야기에 관한 책을 읽었습니다. 고난을 겪는 장면에서 처음에는 적만 있었던 직장에 뛰어드는 상황을 "총도 없이 전쟁터에 나간 심경"이라고 비유했더군요. 무척 험난한 고난이 기다리고 있는 상황을 표현하고 싶었겠지만 전쟁터에 총도 없이 나간다는 비유는 지나친 표현이 아닌가 하는 생각이 들었습니다.

직장에서 '전쟁터에 총도 없이 뛰어드는 것'이 어떤 종류의 위기 상황인지 감이 잡히지 않는 데다가, 저자가 실제로 그렇게 느껴서 표현한 건지 별 생각 없이 흔한 비유를 가져다 쓴 건지 모르겠더군요.

이후로는 글 전체가 과장되게 느껴졌지요. 비유는 과도할 경우 오히려 메시지를 모호하게 만들 수 있습니다.

이름을 바꾸면
팔리기 시작한다

전달된다는 것은 결국 상대의 머릿속에 메시지를 시각화한다는 뜻입니다. 시각화하기 위한 방법 가운데 '네이밍'이 있습니다. 즉, 이름을 붙이는 일입니다.

왜 이름을 지어야 할까요?

이름이 있어야 그 존재를 더욱 잘 인식할 수 있기 때문입니다. 우리는 주변의 방대한 정보에 이름을 붙여 구분하고, 인식하고, 정리합니다. 이름을 붙임으로써 애착이 생겨나기도 하죠.

『은수저』에 이런 상황이 펼쳐집니다. 이 만화는 농업 고등학교에 다니는 학생들의 이야기로, 자신들이 사육하는 돼지에게 이름을 지어주는 에피소드가 있었습니다. 결국 고기로 팔려갈 돼지에게 이름을 붙여줌으로써 특별한 감정이 생겨나고 그로 인해 고민과 괴로움이 생긴다는 줄거리였습니다. 이름을 붙이면 특별한 존재로 여기게 되는 법이니까요.

무에서 유를 창조하는 기술

잘 붙인 이름은 대상을 더욱 매력적으로 보이게도 하고 목적을 더 명확하게 만들기도 합니다. 그 밖에도 여러 가지 효과가 있습니다.

예를 들어 오키나와 여행을 가려고 할 때를 생각해볼까요?

① 오키나와 여행

② 오키나와 맛집 탐방 여행

어느 쪽이 매력적인 여행으로 생각되시나요? 의미가 약간 다르지만 오키나와 '맛집 탐방' 여행은 여행의 목적도 명확하게 드러나고 더욱 즐거울 것 같은 이미지가 고스란히 전해집니다.

자녀의 학습 계획을 세울 때를 생각해보시죠.

- 수학 문제 풀이 대작전
- 영어 단어 30개 외우고 과자 먹는 시간

이런 작은 아이디어로써 대상을 인식하는 방법과 관점을 바꾸고 아이가 공부에 흥미를 느끼도록 만들 수 있습니다.

업무와 관련된 일정에도 네이밍 기술을 활용해 그 시간의 가치를 높일 수 있습니다.

- A씨와 프로젝트 아이디어를 공유하는 시간
- B씨와 맛있는 음식 먹고 친해지는 자리

이렇게 기록되어 있으면 부담이 덜할 것 같습니다.

이 책에서 소개하는 기술마다 이름을 붙이는 것도 이러한 효과를 생각해서입니다. 더 재미있어 보이고 더 효과적으로 보여야 여러분이 실생활에 적극적으로 활용해보고 싶은 마음이 들 것이기 때문이지요.

이 네이밍이 대단하다!

주택 건설 회사인 다이와 하우스 공업이 '이름 없는 가사'라는 개념을 제안해 주목을 끈 적이 있습니다. 이것도 아이디어를 시각화하기 위한 네이밍 기술을 잘 활용한 사례입니다. 이름 없는 가사란 딱히 뭐라고 부를 만한 이름이 없는 자질구레한 집안일을 의미합니다. 실은 이런 집안일에 시간을 무척 빼앗기고 있다는 것을 시각화한 것이죠. 많은 사람이 느끼고 있었지만 마땅히 부를 수 없었던 문제에 이름을 붙임으로써 공론의 장에 꺼내놓은 것입니다. 무척 센스 있는 네이밍이었습니다.

그 밖에도 제가 대단하다고 생각한 네이밍 가운데 '지역 맛집 탐방'이 있습니다. 지금은 당연한 듯이 많이 사용하고 있는 말이지만 이 말이 생김으로써 지역 진흥으로도 이어지는 다양한 맛집들이 생겨난 게 아닐까요?

그 지역에 오래 뿌리내린 향토 요리가 아니더라도 '지역 맛집'으로 부르기 시작한 것이 결정적이었습니다. 지역 특산물이나 전통에 집착하지 않고 새롭게 정착한 요리나 퓨전 요리 등도 '지역 맛집'의 범주에 포함하면서 선택의 폭이 매우 넓어졌고, 더 많은 사람이 방문하게 되었습니다.

이름을 바꾸자 팔리기 시작했다

차 브랜드로 큰 인기를 자랑하는 이토엔의 제품 중 '오이오차(맛있다는 뜻의 '오이시이'의 앞글자를 따 지은 제품명–옮긴이 주)'라는 캔 녹차가 있습니다. 이 제품은 원래 다른 이름이었다고 합니다. 무엇이었을까요?

'칸이리센차.' 캔에 든 녹차라는 뜻입니다. 상당히 정직한 이름이었군요. 그랬다가 4년 후에 이름을 지금처럼 바꾸면서 매출이 6배까지 급상승했고, 지금도 일본에서 많은 사람들이 찾는 녹차로 자리매김하고 있습니다.

'캔에 든 녹차'가 상품에 대한 설명으로서는 정확합니다. 하지만 매력적인 상품으로 보이는가 하는 관점에서는 조금 아쉽지요. 여전히 '캔에 든 녹차'라는 이름이었다면 지금의 국민 브랜드가 될 수 있었을까요? 이름을 바꾸자 성공한 '최고의 전달력' 사례입니다.

예전에 『역사상 가장 간단한 토핑 영어술』이라는 책을 만든 적이 있습니다. 내용이 훌륭해 독자의 영어 실력에 큰 도움이 될 것이라고 생각했지요. 하지만 잘 팔리지 않았습니다. 무척 아쉬웠죠. 그로부터 몇 년 후 책 제목을 『영어 회화의 90%는 중학영어로 통한다』로 바꾸고 문고판 크기로 다시 출간했습니다. 원서의 콘셉트를 그대로 가져온 제목이었습니다. 이 책은 놀랍게도 20만 부가 팔리며 베스트셀러가 되었습니다.

내용은 전혀 수정하지 않았는데 팔리지 않던 책이 베스트셀러로 거듭난 것입니다. 이 경험을 통해 제목(이름)을 어떻게 짓느냐가 엄청난 차이를 가져온다는 것을 실감했습니다.

좋은 이름 짓는 법

좋은 이름이란 어떤 이름일까요? 어떻게 좋은 이름을 지을 수 있을까요?

상품이나 서비스의 네이밍에는 결코 정답도 지름길도 없지만(있다면 저도 배우고 싶어요!), 오랫동안 네이밍 작업을 하다 보니 쌓인 저만의 노하우는 있더군요.

- 상대가 자신의 일이라고 생각하도록 만든다.
- 새로운 발견과 깨달음, 그리고 공감을 불어넣는다.
- 키워드를 넣는다.
- 의미를 알기 쉽고 전달하기 쉽게 짓는다.
- 리듬감을 준다.
- 간단명료해야 기억하기 좋다.
- 약간 뻔해 보이는 이름이 친근하다.
- 유행하는 단어와 접목시킨다.
- 매력을 정리해본다.
- 무언가에 비유한다.
- 앞의 글자를 따서 조어를 만든다.

이와 달리 여행, 회의, 취미생활 등 일상에서 네이밍을 활용하는 경우에는 판매가 목적이 아니니 어렵게 생각하지 말고, 자신이 즐길 수 있고 동기부여가 되는 이름을 지어보는 데 집중해보세요.

생각하고 상상할
시간을 만들 것

미국의 심리학자 조지 밀러^{George Miller}는 인간이 순간적으로 기억할 수 있는 기억의 용량은 평균 7개라는 사실을 발견했습니다. 의미를 지닌 정보의 집합, 즉 청크^{chunk}가 7개라는 뜻입니다. 그 후 다른 심리학자는 7개가 아니라 평균 4개라고 발표하기도 했습니다. 어느 쪽이 되었든 인간은 그다지 기억력이 뛰어나지 않은 생물입니다.

효과적으로 전달되기 위해서는 이야기를 듣는 사람이 **'기억하고 생각하고 이해하는'** 과정을 하나의 흐름으로 통과할 수 있어야 합니다. 특히 대화는 실시간으로 이야기가 진행되므로 이 흐름이 원활하지 않으면 명확하지 않은 대화가 어영부영 이어지기도 합니다.

이때 중요한 것이 바로 '**간격**'입니다. 대화하는 동안 적절한 타이밍에 잠깐 쌤을 만들어 쉬어가는 간격을 만듭니다. **간격은 상대가 기억하고 생각하고 이해할 시간을 만드는 역할을 합니다.**

잠시도 쉬지 않고 빠른 속도로 말하면 내용이 제대로 전달되기 어렵습니다. 듣는 사람이 소화할 수가 없죠. 전문 강사들은 이야기를 속도감 있게 진행하더라도 중간중간 적당히 간격을 만들어 조절합니다. 긴장하거나 이야기에 몰입하면 말이 빨라지는 사람은 특히 조심해야겠지요. 저도 그런 경향이 있어서 항상 주의합니다.

상상할 수 있는 시간

간격의 중요성을 실감할 수 있는 것이 괴담입니다. 괴담에서는 이야기 흐름 속의 적절한 간격이 정말로 중요합니다. 그 간격으로 공포를 연출한다고 해도 과언이 아닙니다.

떠올려보세요. 이야기 사이에 간격이 조금도 없이 빠르게 이루어지는 괴담이라면 과연 무서울까요? 듣는 사람이 공포를 상상할 여유가 없는 채로 이야기가 진행되고 말 것입니다. 즉 공포감이 효과적으로 전달되지 않습니다.

뛰어난 재담가나 예능인들 또한 이야기 흐름 속에서 간격의 기술을 절묘하게 구사합니다. 이야기의 리듬을 만들어낼 수 있거든요.

대화 내용의 의미와 의도가 더욱 잘 전달되도록 속도를 조절하면서 대화를 한 단계 더 높이 승화시키세요.

한편 유튜브 등의 온라인 미디어에서는 가능한 한 간격을 좁혀 꽉 채운 속도감 있는 동영상이 선호됩니다. 이것은 시청자를 싫증나지 않게 하려는 방책입니다. 동영상은 이해가 잘 안 되면 되돌려 다시 볼 수 있다는 장점이 있기 때문에 간격을 좁혀도 괜찮습니다.

"

해상도를 높이는
숫자는 따로 있다

『부모가 돌아가시기 전에 해야 할 일 55가지』라는 책의
띠지에 이렇게 쓰여 있었습니다.

> "부모와 함께할 수 있는 시간이 55일밖에 없다면
> 그동안 반드시 해야 할 일은 무엇일까?"

구체적인 숫자를 명시함으로써 부모와 지낼 시간이
별로 남아 있지 않다는 사실을 시각화한 광고 문구입니

다. 단순히 부모와 함께 보낼 수 있는 시간이 의외로 적다고 말하는 것보다 숫자를 사용해 구체적으로 제시할 때 메시지가 더 확실히 전달됩니다.

이처럼 숫자를 활용하는 것도 '전달되는 기술' 중 하나입니다.

① "당신은 많은 사람을 제치고 선발되었습니다."
② "당신은 1000명을 제치고 선발되었습니다."

① "이 소고기는 매우 진귀한 품종입니다."
② "이 소고기는 연간 100마리밖에 시장에 나오지 않
　는 품종입니다."

각기 두 문장을 비교하면 숫자를 사용한 두 번째 문장의 의미가 더 특별하게 느껴지지 않나요? 막연하게 많은 사람 중에서 뽑혔다고 하는 것보다 1000명 중에서 뽑혔다고 하는 편이 대단한 사람의 이미지를 물씬 풍깁니다. 진귀한 소고기라는 말보다는 연간 100마리밖에 시장에

나오지 않는다라는 말에서 이 소고기가 더 귀하게 느껴집니다.

이처럼 숫자가 들어가면 더 특별한 느낌이 들고 기억에 잘 남습니다. 막연했던 느낌이 뚜렷한 이미지로 떠오릅니다.

전달된다는 것은 상대의 머릿속에 시각화시키는 일입니다. **숫자를 이용하면 시각화를 도울 수 있습니다.**

숫자를 사용하는 이점은 다음과 같습니다.

❶ 해상도가 높아진다.
❷ 핵심을 알 수 있다.
❸ 특별한 느낌이 든다.

참고로 말하면 책 제목에는 숫자가 자주 사용됩니다. 『말투 하나 바꿨을 뿐인데』,『단 1줄로 사로잡는 전달의 법칙』,『2억 빚을 진 내게 우주님이 가르쳐준 운이 풀리는 말버릇』 등 베스트셀러가 된 책에도 숫자가 들어간 제목이 많습니다. 숫자가 들어감으로써 '말의 강도'가 높아지고 전달하고자 하는 내용이 명확해졌지요.

이미지가 떠오르는 숫자를 선택한다

이 때 **상대가 상상하기 쉬운 숫자를 사용하면 효과가 배가 됩니다.** '1줄' 또는 '2억'처럼 말이죠.

예를 들어 다음 문장은 어떨까요?

"밭의 넓이는 10헥타르입니다."

만약 상대방이 농업을 공부했다면 이 문장을 읽고 바로 이미지를 떠올릴 것입니다. 하지만 대부분의 사람은 밭이 얼마나 넓다는 것인지 가늠이 되지 않습니다. 헥타르라는 단위가 익숙하지 않기 때문입니다. 그럴 때는 아래처럼 숫자를 바꿔서 쓰는 것이 더욱 효과적입니다.

"밭의 넓이는 도쿄 돔의 약 2배 크기입니다."

다음 문장은 어떻습니까?

① 오늘 하루를 열심히 살아간다.

② 오늘 24시간을 열심히 살아간다.

③ 오늘 1440분을 열심히 살아간다.

　같은 내용이지만 느낌이 상당히 달라지지요? 하루라
고 표현하면 '오늘'이라는 날에 주목하게 되고, 24시간으
로 표현하면 한 시간 한 시간을 소중하게 여긴다는 인상
이 강합니다. 하지만 1440분이라고 표현했을 때는 무엇
을 강조하고 싶은지 이미지가 떠오르지 않습니다.

　핵심은 아무 숫자가 아닌, 전달하려는 메시지를 상상
하기 쉬운 숫자를 사용하는 것입니다.

말의 강도를 높이는
작은 점

유명 싱어송라이터가 작사·작곡하고 부른 〈봄이여, 오라〉라는 명곡이 있습니다. 노래 제목에 쉼표가 붙음으로써 봄이 오기를 바라는 마음이 더 간절하게 전해집니다.

① 봄이여, 오라

② 봄이여 오라

비교해보면 그 차이를 확연히 알 수 있습니다. 점 하

나 들어갔을 뿐인데 봄을 기다리는 마음이 더 절실하게 느껴지지요. 이처럼 **쉼표는 말의 강도를 높입니다.**

이와 비슷한 예로, 경마장에서 "3번 와라!"보다는 "3번, 와라!"라고 썼을 때 3번 말을 응원하는 감정을 더 강렬하게 드러낼 수 있습니다.

광고 카피를 한 권에 모아놓은 『인생을 가르쳐준 걸작! 광고 카피 516』이라는 책을 때때로 펼쳐보곤 하는데, 어느 날 새롭게 발견한 사실이 있습니다. 광고업계에서 훌륭한 카피로 인정받는 문구에는 쉼표를 효과적으로 사용한 경우가 굉장히 많다는 사실입니다. 예를 들면 이런 느낌입니다.

- 오늘은, 내일의 추억입니다. (소니 비디오카메라 광고)
- 오늘부터, 깨끗하게, 되면 된다. (일본 세존그룹 신용카드 광고)
- 신기해, 너무 좋아. (도쿄 세이부 백화점 광고)
- 슬로푸드로, 돌아가자. (이탈리안 소스 브랜드 안나맘마 광고)

어떤가요? 쉼표가 있어서 더 효과적으로 의미가 잘 전달되고 있지요? 글이 아니라 말로 할 때는 쉼표에서 잠시 끊었다가 이어가면 됩니다. 쉼표 부분을 '간격'으로 생각하고 말하는 것이지요.

말의 강도를 높일 때 '작은따옴표'를 사용하는 방법도 있습니다. 이 문장 부호로 묶으면 단어가 더욱 강조되며 시각적으로도 가독성이 높아집니다.

임팩트를 주는 체언 종결법

체언 종결법도 강도를 높이는 방법 가운데 하나이지요.

인기 있는 온라인 미디어의 콘텐츠 제목을 주의 깊게 살펴보면 체언 종결법을 자주 사용한다는 것을 알 수 있습니다. 현직 편집자들에게 이유를 물어보았더니, '**궁금증을 불러일으키기 때문**'이라고 답하더군요.

예를 들면 이런 제목입니다.

업무 실수가 많은 사람이 저지르는 5가지 악습관

여기서는 '5가지 악습관'이라는 체언으로 끝맺음으로써 메시지 전달 효과의 강도를 높였습니다. 만약 이 제목을 '업무 실수가 많은 사람은 이런 5가지 악습관을 저지르고 있다'라고 바꾸면 어떨까요? 같은 내용이지만 전달되는 느낌의 강도는 상당히 떨어집니다. 즉, 임팩트가 약해지는 것이지요.

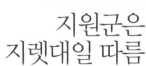

지원군은
지렛대일 따름

다른 사람의 힘을 빌리는 것은 부끄러운 일일까요? 그렇지 않습니다. 타인의 힘을 빌리는 것은 효과적인 전달에 아주 좋은 기술입니다. 저는 이 기술을 '외력 활용'이라고 부릅니다.

전철에서 있었던 일입니다. 제 옆에 어린아이와 그 어머니가 앉아 있었습니다. 아이가 신발을 신은 채 창밖을 바라보고 있어서 신발이 자꾸 좌석에 닿았습니다. 그러자 어머니가 아이에게 한마디 주의를 주었습니다. "옆자리 아저씨가 '이놈!' 하시니까 얼른 신발 벗어." 그때는 '뭐지, 내 탓을 하는 건가?' 하고 약간 짜증이 났습니다. 여러분도 저와 같은 경험을 한 적이 있을지 모르겠네요. 나중에서야 이 훈육법은 '외력'을 사용한 것임을 깨닫게 되었지요.

아이는 엄마에게 어리광을 부리곤 합니다. 그래서 엄마가 아무리 야단쳐도 말을 듣지 않을 때가 있지요. 그럴 때는 낯선 아저씨에 대한 무서운 느낌을 이용해 타이르면 효력을 발휘할 수 있습니다. 예로부터 망태 할아버지나 도깨비가 온다면서 아이를 야단치던 방법도 이처럼 외부의 권위를 이용한 훈육이었던 것이지요.

저는 신간을 낼 때 종종 추천사를 받아 수록합니다. 공신력 있는 언론사나 유명인의 목소리를 빌려 책의 매력을 전달함으로써 신뢰감을 높이기 위해서지요. 이렇게 제삼자의 힘을 활용하는 것이 바로 외력 활용의 기술입니다. **전달력이 뛰어난 사람은 상대의 신뢰를 얻기 위해 외부의 권위를 의식적으로 활용합니다.**

이를테면 '전문가의 추천' 'OO상 수상작' 'OO TV 프로그램에서 소개' 등의 홍보 방식입니다. 다른 사람에게 술이나 빵을 권하는 상황을 예로 들어봅시다.

① "굉장히 맛있는 술입니다."
② "국제 대회에서 금상을 수상한, 굉장히 맛있는 술입니다."

① "이 빵, 아주 맛있어요."
② "이 빵, 방송에 나온 유명 빵집 건데 아주 맛있어요."

두 가지 경우 모두 후자가 더 신뢰가 가고 관심을 불러일으킵니다.

타인의 권위 뒤에 숨지 말 것

어느 회사의 부장이 이런 상담을 받았습니다.

"직원이 제 지시를 좀처럼 따르지 않습니다. 최근에는 SNS 같은 데서 유명한 사람이 하는 이야기를 듣고 있는 모양인데 '좋아하는 일만 해야 한다'라든가 '쓸데없는 것은 버려라' 하는 말에 영향을 받았는지 제 말을 귀 기울여 듣질 않아요. 쓸데없다고 여겨지는 일도 해야 할 때가 있는 건데 말입니다."

요즘 이런 고민을 하는 중간관리자가 많다고 합니다.

정말 좋아하는 일만 하면 되는지, 쓸데없는 일은 버려야 하는지에 관해서는 언급하지 않겠습니다. 이 사례는 제삼자의 힘을 통해 메시지가 강화되는 것이 아니라 약화되는 경우입니다. 즉, 이것은 외력이 반대 방향으로 작용하는 상태라고 할 수 있습니다. 이럴 때는 자신의 메시지를 뒷받침해주는 다른 외력을 활용해서 반박하는 것이 좋습니다. 예를 들면 이런 식입니다.

"그렇게들 말하긴 하지만, 그거 아냐? 경영의 신이라고 불리는 ○○는 정반대로 말하고 있고, 요즘 업계에서 가장 성공한 사람으로 인정받는 ○○도 이렇게 말하더라고. 그러니 좋아하지 않는 업무나 언뜻 쓸모없어 보이는 일이라도 우선 해보는 게 좋지 않을까?"

다만 자칫 외력을 잘못 사용하면 오히려 자신의 신뢰도를 떨어뜨릴 수도 있습니다. 대표적인 예로 자신의 생각 없이 유명인의 권위를 앞세운다거나, 외력을 끌어들여 자신의 책임을 회피하려는 경우를 들 수 있습니다.

가령 상사에게 들은 말을 그대로 전달하고 '상사가 이렇게 말했으니까' 하는 식으로 자신의 생각은 쏙 빼는 거죠. 이렇게 말하면 자기 의견이 없는 사람으로 보여 상대에게 신뢰를 얻기 어렵습니다.

외력은 '보호 장치'가 아닙니다. 자신의 생각을 효과적으로 전달하기 위한 **'보조 장치'**라는 점을 잊지 말고 활용하세요.

긍정적인 답변을
끌어내는 비밀

"나는 데이트를 신청하면 거의 거절당하지 않아."

젊은 시절 이성에게 인기 많은 친구가 이런 소릴 하기에 비결을 물었더니 "상대에게 이득이 되게끔 권유하기 때문이야"라는 대답을 들었습니다. '그렇게 간단한 이유로?' 하는 생각이 들었지만, 정말 백전백승이라더군요.

"만약 상대가 어느 야구팀의 팬이라면 '경기를 보고 싶은데 데려가줄래?' 하고 부탁하는 거지. 상대방은 자신이 좋아하는 팀에 관심을 보여서 무척 기쁠 테고, 나는 새로운 경험을 할 수 있어서 즐겁거든.”

그렇군! 상대에게 이득이 되는 일을 함께 하자고 청하는 것이 핵심이었습니다. 당시의 저는 그런 것까지 생각하지 못했습니다. 다른 사람에게 의사를 전할 때 '제가 얻을 이득'을 먼저 생각하며 말했었지요.

천냥 빚을 갚는 말

상대의 이득을 환기시키며 메시지를 전달하는 방법이 바로 '상대 이득 주목의 기술'입니다. 이 기술은 상대를 중심으로 생각하는 데 그치지 않고, 한 발 더 나아가 **상대가 '이득이야!' '잘됐어!' '기뻐!' 하고 느낄 수 있도록 말하는 전달법**입니다. 세심한 배려로써 긍정적인 반응을 이끌어내는 효과적인 기술입니다.

한번은 음식점에서 주문한 요리가 빨리 나오지 않은 적이 있었습니다. 그때 홀 서빙을 하는 직원이 오더니 제게 말했습니다.

“죄송합니다. 지금 주문하신 요리를 맛있게 만들고

있으니 잠시만 더 기다려주십시오."

화가 나기는커녕 왠지 기분이 좋았습니다. 시간이 오래 걸렸음에도 그 직원의 말 덕분에 요리에 대한 기대감이 올라갔기 때문입니다.

만약 "지금 주문이 밀려 있어서 죄송하지만 조금 더 기다려주십시오" 하는 말을 들었다면 어땠을까요? 그저 음식이 늦게 나오는 것에 대해 짜증이 나고 조급한 마음만 더해졌을 것입니다.

상대가 불편해하는 상황에서도 상대의 이득을 중심으로 의사를 전달하면 마이너스를 플러스로 만들 수 있습니다.

다만 상대의 이득을 잘못 판단하거나 잘못된 방식으로 전하는 사람이 가끔 있습니다. 가령 이런 경우지요.

어떤 보험회사 영업사원이 저를 찾아와 한 말입니다.

"이 보험, 고객님에게 정말 괜찮을 겁니다. 병에 걸리면 치료비와 입원비를 해결하고도 남을 정도로 크게 보장받으실 수 있어요. 3대 질병에 걸리는 사람이 우리나라 80%에 이르기 때문에 고객님은 예외라고 장담할 수 없지요."

가만히 듣다 보니 불쾌한 기분이 들었습니다. 이 보험 판매원은 정말 나를 생각해서 좋은 상품을 추천해주는 게 아니라 그저 보험 상품을 판매해 실적을 올리려 한다는 느낌이 들었습니다. 그 역시 나에게 돌아올 이익을 설명했을 뿐인데 왜 거부감이 든 걸까요?

'상대에 대한 흥미와 관심'이 있는지 '상대를 진심으로 위하는 마음'이 있는지가 차이를 낳습니다. 데이트 신청을 거절당하지 않는 친구는 상대에게 관심이 있었습니다. 그리고 상대가 좋아하는 일을 함께 즐기려는 마음을 드러냈습니다. 반면 보험판매원은 제게 전혀 관심이 없었고 배려하는 마음도 없었습니다. 단지 상품을 팔고 싶을 뿐이라는 게 고스란히 전해졌던 것이지요.

기분 상하지 않게 거절하는 '생각의 흐름'

거절을 할 때도 상대의 이익을 생각하고 말하면 오히려 내 사정을 더 잘 이해시킬 수 있습니다.

회사에서 급한 업무를 선배에게 부탁받았을 때를 예로 들어봅시다.

선배 이 일, 급히 처리해야 하는데 지금 해줄 수 있을까?
후배 죄송하지만 지금은 바빠서 못 하겠습니다.

이렇게 직접적으로 거절하면 선배는 화가 날지도 모릅니다. 대신 아래처럼 거절하면 상대의 반응이 달라질 것입니다.

선배 이 일, 급히 처리해야 하는데 지금 해줄 수 있을까?
후배 요즘 선배와 함께 진행하는 A프로젝트의 성과를 내려고 그 일에 주력하고 있습니다. 그래서 죄송하지만 지금 당장은 짬이 나지 않아 어렵겠습니다.

A프로젝트는 선배 역시 성공시키고 싶은 안건입니다. 후배가 이렇게 의사를 전하면 선배는 후배가 지금 당장 그 일을 처리해줄 수 없다는 상황을 이해하게 됩니다.

자신의 입장을 그대로 전달할 게 아니라 상대의 이익을 생각하는 관점으로 변환해서 전달하세요. 이는 회사에서뿐 아니라 가족이나 친구와의 관계 등 다양한 상황에서 활용할 수 있는 방법입니다.

어떻게 상대의 이익으로 변환하면 좋을까요? 이런 흐름으로 생각해보세요.

❶ 자신의 머리에 떠오른 말을 그대로 전달하지 않는다.

❷ 상대의 입장에서 이익과 불이익이 무엇인지를 생각한다.

❸ 상대에게 우선순위가 높은 일에 이익이 되는 (또는 불이익이 되지 않는) 방향으로 전환해 내용을 전달한다.

후배는 선배에게 이입해 상상합니다.

'이 일을 거절하면 싫은 표정을 짓겠지?'

'하지만 지금은 너무 바빠서 일을 받을 수가 없어. 선

배도 A프로젝트를 성공시키고 싶은 마음이 굴뚝같을 테니 이해해줄 거야.'

'A프로젝트가 실패로 끝나는 건 선배에게도 큰 손실이니까.'

주문한 요리가 좀처럼 나오지 않았던 레스토랑 직원은 손님의 머릿속을 상상했을 것입니다.

'요리가 좀처럼 안 나와서 짜증이 나 있을지도 몰라.'

'이 식당에 온 건 맛있는 요리를 먹으면서 식사를 즐기고 싶어서겠지.'

이런 생각을 통해 마지막에는 손님의 이익에 관해 언급한 것이 아닐까요?

상대에게 쓴소리를 하거나 주의를 줘야 할 경우, 그대로 전달하면 상대가 감정적으로 반응할지도 모르고 때로는 싸움으로 번질 우려가 있습니다. 그럴 때도 상대 이익의 관점에서 말하는 겁니다.

한발 더 나아가자면 먼저 칭찬하고 쓴소리를 하고 나서 다시 칭찬하는, '샌드위치식 화법'을 권하고 싶습니다. 칭찬하는 말을 전후에 배치하면 같은 쓴소리도 듣는 사람의 입장에서 느낌이 상당히 달라집니다.

단, 이 기술을 변명과 혼동하지 않도록 유의해야 합니다. 어디까지나 상대도 자신도 모두 납득할 수 있는 해답을 찾는 것이 중요합니다.

"나에게, 당신에게, 사회에도 이득입니다"

"쓸모없는 신문지가 있으면 가져와줄래요?"

어느 날 아내가 이렇게 부탁했는데, 그 부탁을 까맣게 잊었습니다. 몇 번이나 같은 부탁을 들었지만 계속 잊고 말았지요. 이번에는 아내가 말하는 방법을 바꿨습니다.

"신문지는 쓰레기통 안쪽에 사용할 거야. 지금까지는 편의점이나 슈퍼마켓 비닐봉지를 사용했는데 그보다는 신문지를 사용해야 환경 보호에도 도움이 되니까. 그리고 요즘은 비닐봉지를 돈 주고 사야 하거든."

이 말을 듣고 비로소 머릿속에 신문지의 필요성이 선명하게 들어와 박혔습니다. 그 후 신문지를 잊지 않고 구해서 들어갔지요.

단지 신문지를 가져와달라는 말만 들었을 때는 금세 잊어버렸지만 돈도 절약되고 환경에도 좋다는 이야기를 듣자 또렷이 기억에 남았습니다. 저 자신에게도 아내에게도, 그리고 사회에도 좋은 일이라고 인식한 것이지요.

'**자신에게 좋고**' '**상대(타인)에게 좋고**', '**사회에도 좋은**' 것은 상대의 흥미와 관심을 불러일으킵니다. 이것이 **3가지 좋음의 기술**입니다.

자주 이용하는 레스토랑에 오늘의 추천 메뉴를 물었더니 이런 대답이 돌아왔습니다.

> "오늘의 추천 메뉴는 ○○ 씨가 좋아하시는 비프 스테이크입니다. 고기 맛이 깊고 육질도 좋아서 맛있다고 아주 평판이 좋습니다. 지방이 적어서 기름기 있는 부위를 별로 좋아하지 않는 가족 분들도 마음에 드실 겁니다. 그리고 온실 효과 가스의 배출을 줄이는 친환경

방식으로 사육한 고기입니다. 매우 좋은 목장에서 키웠는데 어떠신지요?"

반드시 이 스테이크를 주문하고 싶어질 겁니다.
이런 의자는 어떠신가요?

"이 나무 의자, 오랫동안 앉아 있어도 쉬이 피로해지지 않아 재택근무를 하는 데도 안성맞춤입니다. 그리고 이 의자는 온기가 있는 나무로 만들었기 때문에 겨울철에도 앉을 때 차가운 느낌이 들지 않아요. 그래서 고령자에게도 추천하고 싶습니다. 나무는 모두 간벌재를 사용했기 때문에 환경에도 이롭습니다."

어떻습니까? 갖고 싶지 않으세요?
최근에 에도시대에서 메이지시대에 걸쳐 활약했던 '오미상인(시가 현의 옛 지명인 오미지방 출신의 상인 – 옮긴이 주)'을 재평가하는 움직임이 있습니다. 오미상인은 '산포요시'라는 경영이념으로 잘 알려져 있습니다. '판매자에게 이롭고 구매자에게 이롭고, 세상 사람들에게도 이롭게 한다'는 뜻입니다. 판매자가 자신의 이익만 따지지 않고 소비자 만족과 사회적 책임을 중요시하는 기업을 선호하는 오늘날 사회 분위기에도 꼭 들어맞습니다.

나의 일, 너의 일, 모두의 일

여기서 퀴즈입니다.

Q
두 가지 표지판이 있습니다. 어느 쪽이 '서서 소변보기 금지'
를 나타내는 표시일까요?

저는 강연을 할 때 자주 이 퀴즈로 시작합니다. 청중의 관심을 집중시키기 위한 작전이라고도 할 수 있습니다. 여기에는 대부분이 관심을 보이기 쉬운 요소가 몇 가지

들어 있기 때문입니다.

우선 첫째 요소는 '서서 소변보기'입니다. 누구라도 상상할 수 있는 소재이죠. **'가까이에 있고' '공통적이며' '쉽게 상상할 수 있는'** 소재는 메시지를 전달하기에 아주 좋습니다.

둘째 요소는 '질문'입니다. **퀴즈로 물어보면 자신의 머리로 한 번 생각하는 과정을 거치게 되므로** 그 주제를 '자신의 일'로 생각하게 되거든요.

셋째 요소는 도리이(신사 입구에 세운 기둥문 – 옮긴이 주) 일러스트입니다. 신사의 기둥문과 서서 소변보는 행동이라는 전혀 관계없어 보이는 것끼리 연결시킴으로써 **'뭐지?' 하는 궁금증**을 만들어냅니다. 감정을 움직여 더욱 관심을 끌려는 목적이 있습니다.

이제 두 표지판을 비교해보시죠. 서서 소변보기 금지 마크를 보면 무슨 메시지를 전하고 있는지 금방 알 수 있습니다. 다만 '금지!'라는 말을 직접적으로 들으면 반감이 들 수도 있고 신경 쓰지 않는 사람도 있습니다.

많은 쓰레기가 불법 투기되어 있는 장소에 '불법 투기

금지!'만이 아니라, 이렇게 쓰여 있다면 어떨까요?

　'불법 투기 금지! 불법 투기를 하는 사람에게는 불행
　이 찾아옵니다.'

아무래도 쓰레기를 버리기 어렵겠지요. 그러면 이건
어떤가요?

　'불법 투기 금지! 불법 투기를 한 다섯 명에게 불행이
　찾아옵니다.'

이 글을 보면 결코 버리지 못할 겁니다. 마치 다섯 명
에 자신이 포함될 것만 같기 때문이지요.

얼마 전 주차장에서는 이런 안내문을 보았습니다.

　'무단 주차를 할 경우, 타이어 공기를 뺀 다음 10만 원
　이상의 주차료를 청구하겠습니다.'

'타이어 공기를 뺀 다음'이라는 표현에서 글쓴이의 살벌한 경고가 실감나게 드러나며 메시지가 강하게 전달되는 문구입니다. 만약 자신이 무단 주차를 하면 어떻게 될지 그 상황이 쉽게 떠오릅니다.

아참, 서서 소변보기 금지에 관한 퀴즈의 해답을 아직 설명해드리지 않았군요.

A
둘 다입니다.

'도리이 일러스트'가 붙어 있으면 서서 소변보기뿐만 아니라 쓰레기를 슬쩍 버리는 행위도 쉽게 하지 못한다고 합니다. 그래서 실제로 쓰레기 불법 투기를 방지하기 위해 도리이 그림을 붙여놓은 곳도 있다고 합니다.

직접적으로 '금지'나 '엄금'이라는 말을 들으면 자신과 관계없는 일로 느껴지지만, 도리이 일러스트가 붙어 있으면 '도리이를 더럽히면 안 돼, 천벌을 받을지도 몰라' 하고 단번에 자신의 일로 전환되는 경향이 있기 때문입니다.

담배꽁초를 함부로 버리지 못하게 하는 발상으로서 재미있는 사례도 있습니다. 길거리에 재떨이가 놓여 있어도 주변에 꽁초를 버리는 사람이 많습니다. 이를 방지하기 위해 아이디어를 발휘했습니다. '리오넬 메시와 크리스티아누 호날두, 세계 최고의 축구 선수는 누구일까?'라고 써 붙여 정확한 '골인'을 유도한 재떨이를 설치한 것입니다. 이렇게 재미있는 장치가 있으면 적극 참여하고 싶어지겠지요.

이 사례들은 세 가지 '좋음'의 파생형으로 '세 가지 일'을 제안하는 말하기입니다. **'자신의 일'**, **'상대(타인)의 일'**, **'사회의 일'**로 받아들이게끔 만드는 것입니다. 이것도 전달되는 기술로서 활용할 수 있는 방법입니다.

상대의 머릿속에
물음표를
남기지 말라

"너, 미친 거 아니야?"

이 말은 사람을 함부로 대하는 말일까요? 이렇게만 들으면 남에게 모멸감을 주는 말이라는 느낌을 받습니다.

"밤새도록 기타 연습을 하다니, 너 미친 거 아니야?"

그렇다면 이 말은 어떤가요? 이 경우 '너, 미친 거 아니야?'라는 말은 모멸의 의미가 아니라 상대에게 '대단해!' 하고 추켜세우는 의미로 사용되고 있습니다.

"같은 말을 몇 번이나 해야 알아듣겠어? 너, 미친 거 아니야?"

반면에 이때는 상대를 심하게 비난하는 말이 됩니다. 상사가 부하 직원에게 이렇게 말한다면 권력을 이용한 괴롭힘이 될지도 모릅니다.

같은 말인데 전달하고 싶은 의미는 정반대입니다. 이 것이 언어의 어려운 점이지요. 다른 것은 '맥락'입니다. 그러므로 맥락을 연결하는 작업이 매우 중요합니다.

맥락은 상황의 전후 관계나 배경 등에서 도출되는 흐름입니다. 이 흐름을 무시하면 언어의 의미가 정반대로 잘못 전달되기도 하고 아예 의미를 이해할 수 없는 상황도 벌어집니다.

20대 무렵에 잡지사에서 일을 하다가 어떤 배우에게

뺨을 맞은 적이 있습니다. 잡지에 실린 기사를 보고 그 배우가 화를 냈습니다. 저는 그가 왜 화났는지를 정확히 파악하지 못하고 잘못 대응하는 바람에 화를 더 돋우고 말았습니다. 아무리 말해도 제가 알아듣지 못하자 그 배우는 인내의 한계에 도달했던 모양입니다. 물론 때리는 행위는 절대 용인될 수 없습니다. 다만 일이나 상황의 맥락을 이해하지 못하거나 이해시키지 못하면 상대를 크게 화나게 할 수 있다는 것을 직접 배웠던 경험이었습니다.

맥락을 만드는 3가지 포인트

유독 맥락을 잘 파악하지 못하는 사람이 있습니다. 그런 사람이 자주 범하는 오류가 '단어 줍기'입니다. 말 중에서 단어에 민감하게 반응하는 바람에 맥락을 결정하는 흐름이나 접속사, 조사를 지나치고 마는 것입니다.

예를 들어 '바보=모멸의 언어'라고 직선적으로 인식하는 경우입니다. 특히 이런 사람에게는 맥락을 알기 쉽게 전달하는 것이 중요합니다. 그러기 위해서는 다음 세 가지 요소를 생각해야 합니다.

❶ 목적, 목표점

❷ 앞맥락

❸ 뒤 맥락

부모가 자녀에게 주의를 주는 상황을 예로 들어볼까요? 맥락이 제대로 전달되지 않으면 아이는 그저 야단맞는다고만 생각이 듭니다.

"횡단보도를 건널 때는 좌우를 살피고 차가 오지 않는 걸 반드시 확인하고 나서 건너야 돼. 다른 사람이 건넌다고 해서 안전한 게 아니니까."

이런 식으로 전달하면 길 건너는 법에 관해서 야단맞는 것처럼 느끼는 아이도 있을지 모릅니다. 이럴 때는 맥락이 잘 통하는 문장을 만들어 메시지를 전달해야 합니다.

"차에 치이면 큰일이잖니? 얼마 전에 여기서 사고가

나서 다친 사람이 있었거든. 운전하는 사람이 잠깐 한눈을 팔다가 너를 못 볼 수도 있으니까, 횡단보도를 건널 때는 좌우를 두리번두리번 잘 살피고 차가 없는 걸 확인하고 나서 건너야 해. 다른 사람이 건넌다고 해서 안전한 건 아니란다. 네가 사고를 당한다면 엄마는 너무 슬플 거야. 조심하겠다고 약속하자."

이 정도의 맥락이라면 엄마가 화를 내는 게 아니라 자신을 걱정하고 있다는 것이 아이에게 전해지겠지요? 매번 이렇게까지 구체적으로 말하기가 쉽지 않겠지만, 중요한 사항을 전달할 때는 꼭 필요한 일입니다.

세 가지 요소를 하나씩 분석해봅시다.

❶ 목적, 목표점
  • 차에 치이면 큰일이잖니?
❷ 앞맥락
  • 얼마 전에 이 도로에서 사고로 다친 사람이 있

었거든.

- 운전하는 사람이 잠깐 한눈을 팔다가 너를 못
  볼 수도 있으니까.

❸ 뒤 맥락

- 네가 사고를 당한다면 엄마는 너무 슬플 거야.
  조심하겠다고 약속하자.

이렇게 말하면 아이는 엄마의 마음도 알게 되면서, 조심하라고 일깨워주려는 의도임을 받아들일 것입니다.

예전에 비즈니스로 알게 된 A씨에게 식사 초대를 받았습니다. A씨가 식당을 예약하기로 했는데, 사전에 제게 이렇게 묻더군요.

"회식을 자주 하시나요? 참고로 저와 약속한 날의 전후로 회식이 예정되어 있으시다면 그때 뭘 드실 것인지 알려주시겠어요?"

겹치는 음식을 피하려는, 엄청 세심한 배려이지요. 맥락을 파악하려는 것으로 보이지 않을 수도 있지만, A씨는 그날의 식사자리만이 아니라 그 앞과 뒤까지 연결하는 그림 속에서 우리의 만남을 생각한 것이죠.

맥락은 말뿐만이 아닙니다. 불쾌한 표정을 지으면 불쾌한 목소리 톤이 전해지고 다정하게 이야기하면 상냥한 톤이 고스란히 상대에게 전해지지요. 어떤 표정과 목소리로 전하는지도 전부 맥락의 하나입니다.

맥락을 놓치면 실수하기 쉽다

맥락이 잘 맞아야 말이 의미를 갖게 됩니다. 따라서 맥락이 맞지 않고 이야기가 건너뛰면 말의 의미가 제대로 전달되지 않습니다.

"모자 어디 갔지?" 한번은 제가 아무 설명도 없이 아내에게 불쑥 이렇게 물었습니다. 아내는 짜증 섞인 목소리로 되물었죠. "어떤 모자?" 아내는 제가 어떤 모자를 말하는 건지 전혀 모르는 게 당연합니다. 저는 머릿속으로는 검은색 캡을 떠올렸지만 다짜고짜 '모자가 어디 갔냐'고 대답할 수 없는 질문을 던진 것이지요. 이것은 앞의 맥락을 빠뜨리고 말한 사례입니다. 이런 일은 가정에서

뿐만 아니라 직장에서도 자주 일어날 겁니다.

맥락과 전체를 제대로 설명하지 않으면 상대의 머릿속을 물음표 상태로 만들게 됩니다. 불필요하게 대화가 길어지고 심지어 오해를 사기도 합니다. 이야기하는 사람은 자신이 알고 있으니 상대도 당연히 알 거라고 생각할지 모르지만, 독심술을 쓰는 초능력자가 아니라면 맥락을 모르는 채로 상대의 의도를 파악할 수 없습니다. 번거롭더라도 앞뒤 맥락을 알 수 있도록 제대로 말해주는 것이 자신에게도 합리적입니다. 불쑥 본론만 말하는 상황은 피하는 것이 좋습니다.

책을 읽을 때 한마디씩 꼼꼼히 읽지 않아도 전체 의미를 이해할 수 있는 것은 글의 맥락, 즉 문맥을 알 수 있기 때문입니다. 문맥을 이해하면 '대충 휘리릭' 읽을 수 있습니다. 전달하는 방법도 마찬가지입니다. 대략 말해도 상대가 이해할 수 있게 하려면 반드시 맥락을 전달해야 합니다.

두괄식을 사용할 때
미괄식을 사용할 때

두괄식으로 말해주세요

'설명을 잘하는 사람은 결론부터 말한다.'

이는 업무 현장에서 자주 듣는 말이지요. 확실한 결론을 모르는 상태에서 이유와 설명을 주절주절 계속 듣는 상황은 결코 효율적이지 못하니까요. 결론이 뭔지를 모르는 상태로 계속 듣고 있으면 머릿속에서 다음에 어떻게 전개될지 생각하기가 어려워 답답합니다.

어떤 유명한 경영자는 너무 바빠서 회의 일정이 5분

단위로 있었다고 합니다. 5분 안에 몇 개의 안건을 승인해야만 하는 것이지요. 그래서 직원들은 결론을 먼저 보고해야 했습니다.

이렇게 대부분의 상황에서는 결론을 먼저 말해야 상대에게 메시지가 효과적으로 전달되지만, 결론을 맨 마지막에 말해야 하는 상황도 있습니다. 이에 관해서는 뒤에서 설명하겠습니다.

결론을 먼저 전달하는 경우는 아래와 같은 흐름으로 전개됩니다.

결론에 앞서 논점을 확인해두는 것이 좋습니다. 결론부터 불쑥 전달하면 상대는 이 사람이 지금 무슨 이야기를 하는지 모를 수 있기 때문입니다. 앞서 설명한 '맥락 잇기'이죠.

논점을 짚어주지 않고 이야기를 시작한 탓에 잘될 일도 틀어지는 사례가 실제로 꽤 있습니다. 일에서도 일상에서도 바쁜 사람이 많은 데다 원래 사람은 일일이 다 기억할 수 없습니다. 메시지를 전하는 측은 기억하고 있는 게 당연해도 상대는 잊고 있는 경우가 다반사지요. 그러므로 상대가 잊고 있을지도 모른다고 생각하고 그 지점에서 시작하면 커뮤니케이션이 원활히 이루어집니다.

미괄식으로 말해주세요

반면 결론을 나중에 말하는 것이 좋을 때도 있습니다. 재판에서는 판결을 내릴 때 판결 주문(결론)을 먼저 읽고 나서 그 이유를 밝힙니다. 다만 중대 사건을 판결할 경우는 판결 이유를 먼저 밝히고 판결 주문을 나중에 읽는 경우가 있습니다. 판결 이유를 확실히 듣게 하기 위해서라고 합니다.

결론을 먼저 말하느냐 나중에 말하느냐는 상황에 따라 달리 적용할 필요가 있습니다.

다만 이럴 때는 결론을 나중에 말하는 것이 좋습니다.

❶ 말하기 힘든 내용을 전달할 때

❷ 고객에게 상품과 서비스를 전달할 때

　상대가 원인과 배경 등을 모르는 단계에서 대뜸 결론을 전했을 때 발생할 '리스크'가 있다면 결론을 나중에 밝히세요.

인사이트를
말로 표현하는 법

사람들은 자신이 본능적으로 아는 것에 반응한다

"뜻이 있는 곳에 길이 있다." 에이브러햄 링컨

"직업이 아니다. 나의 인생이다." 스티브 잡스

"재미있는 일 없는 세상을 재미있게." 다카스기 신사쿠

모두 유명한 명언입니다. 세 가지 다 제가 좋아하는 말
이어서 노트에 적어두었습니다. 우리가 알고 있는 명언

은 많은 사람의 마음을 울렸기에 지금의 명성을 갖게 되었습니다. 이 말들에는 어떤 공통점이 있을까요? 거기에 '전달되는 기술'에 대한 힌트가 있습니다.

가장 중요한 비결은 **'본능의 언어화'**에 있습니다. 마케팅에서는 인사이트라는 말을 자주 사용합니다. 인사이트는 확실히 언어화, 시각화되어 있지 않은 사람의 통찰력을 가리킵니다. 직관이라고도 하죠. 이것을 제 나름대로는 **'현재화되지 않은 본능'**이라고 바꿔 말합니다. 그리고 일을 할 때 언제나 이 본능과 마주하고자 합니다. 책 제목이나 광고 카피를 만들 때는 독자 마음속에 자리한 본능이나 직관을 생각하고, 그것을 언어화하기 위해 노력하지요. 이 공정에는 상당한 고민이 따르므로 두뇌를 풀가동해서 생각합니다.

제가 만든 도서 중에 『공복 최고의 약』이라는 베스트셀러가 있습니다. 이 책의 기획과 제목은 본능을 생각해 떠올린 것입니다. 이 책은 16시간 단식을 제안합니다. 16시간 동안 먹지 않는 시간을 만들면 자가포식(세포 안에서 이루어지는 재활용 시스템으로, 나쁜 세포와 조직을 분해해 에너지를 얻는다-옮긴이 주) 작용이 일어나 건강에 좋다고 합니다. 공복이 몸에 미치는 좋은 영향에 관해 조사한 사실들을 바탕으로, 제가 도출한 본능은 다음과 같습니다.

> **사실1** 음식을 먹으면 나른해지거나 졸음이 오는 사람이 꽤 있다.
>
> **사실2** 그다지 먹고 싶지 않은데도 무리해서 1일 3식을 지키는 사람이 있다.

> **본능1** 배가 고픈 상태에서는 몸이 가볍고 산뜻한 느낌이 든다.
>
> **본능2** 단식이 몸에 좋다는 사실을 막연하게나마 알고 있다.
>
> **본능3** 단식하면 현실적으로 힘든 부분도 있지만, 사실상 마음이 편한 부분도 있다.

사람들의 마음속에 숨겨진 목소리를 듣고 책의 주제와 맞춰 생각해낸 것이 '공복, 최고의 약'이었습니다.

스스로 묻고 답하며 파고들기

본능을 찾아내는 하나의 방법으로 '셀프 문답'이 있습니다. 자신에게 질문을 반복해 던지고 답함으로써 더욱 깊은 곳을 찾아가는 방법입니다.

어떻게 활용하는지 예시를 들어보겠습니다.

햄버거 브랜드인 모스버거에서 식빵 판매를 시작하며 내건 카피입니다. 발매 소식이 알려지자 예약 구매가 쇄도하며 화제를 모았습니다.

> "버터는 필요 없을지도, 하는 소리가 무심코 튀어나
> 올 정도로 농후한 식빵"

일본에서는 몇 해 전부터 고급 식빵 붐이 일어났습니다. 맛과 품질을 내세운 수많은 식빵 전문점이 화제를 불러일으켰지만, 모스버거는 한 가지 더 깊은 본능을 발견하고 언어화했습니다. 바로 '버터는 필요 없을지도'입니다.

식빵의 최고 파트너는 버터입니다. 버터와 토스트의

조합이 이루어내는 맛은 정말 끝내주잖아요. 저도 무척 좋아합니다. 여기까지는 현재화된 욕구입니다. 이제부터 셀프 문답이 필요합니다.

> [버터와 식빵은 최고의 조합]
>
> Q 왜 버터와 궁합이 좋을까? (why)
>
> A 깊은 맛, 고소한 향, 부드러운 혀의 감촉
>
> Q 버터를 바르지 않아도 처음부터 그 맛이 나는 식빵이 있으면 좋지 않을까?
>
> A 식빵 맛도 좋아지고 버터를 바르는 수고도 덜 수 있다.
>
> Q 어떻게 하면 그것을 실현할 수 있을까? (how)

이처럼 질문과 답을 반복할수록 점점 본능에 가까이 다가갑니다. 처음에는 사소한 의문과 깨달음이었던 것을 스스로 묻고 대답함으로써 사고를 깊고 넓게 펼쳐나갈 수 있습니다.

어떤 핵심적인 인사이트를 발견했다면 이제 이것을 언어화해야 합니다. 이때 필요한 혼합법, 이동법, 모음법 등 제가 활용하는 다양한 생각 기술을 다음과 같이 정리했습니다.

기술	설명
결합법	만난 적이 없는 단어와 단어를 섞어 함께 사용함으로써 새로운 가치를 생성하는 방법. 상품 개발부터 브랜딩까지 폭넓게 사용한다.
구슬 연상법	만난 적이 있는 것, 이미지로 떠올릴 수 있는 것을 연결해가는 방법. 기존의 가치에 더해 새로운 매력과 가치를 발견하고 싶을 때 사용한다.
이동법	현재 가치를 옆으로 치워두고 새로운 가치를 만들어내는 방법. 다른 매력 포인트를 찾거나, 시장을 옮겨가거나, 목표를 바꾸는 등.
탈양자택일	두 가지 과제를 한 번에 해결하기 위한 사고법. 선택을 종용받았을 때 or이 아니라 and를 토대로 생각한다.
모음법	따로 흩어져 존재하는 것을 하나로 합쳐 가치를 부여하는 사고법. 새로운 매력을 만들어낼 수 있다.
있으면 좋지	도라에몽에게 비밀 도구를 부탁하는 진구가 된 듯이 생각하는 방법. 완전히 새로운 가치를 만들어낸다.
360도 분해법	주제를 전방위에서 인수분해하여 구성 요소를 찾아내는 방법. 구조를 이해할 수 있다.
긍정적 가치화	부정적인 이미지를 긍정적인 것으로 바꾸는 방법. 약점의 근원을 파악해 해결책을 찾아낼 수 있다.

주사위법	주사위를 만들어 목표에서 역산 사고로 생각하는 방법. 목표로 가는 최단 거리를 찾아내고 싶을 때 사용한다.
정체 찾기	사람의 마음속 '보이지 않는 심리'를 찾아내는 방법. 무의식의 정체를 알게됨으로써 해결책을 찾아나간다.

* 좀 더 상세한 설명과 예시는 저의 전작 『기적의 생각 공식』에 담았으니, 참고해보시기 바랍니다.

4장

제대로 전하는 사람의 마음 습관

'단념'의 자세로
시작한다

"어른들은 이해해주질 않아!"

젊을 때 자주 했던 말입니다. 요즘 젊은이들도 똑같이 생각하겠죠. 시대가 바뀌어도 이 문제는 영원히 존재합니다. 어른도 옛날에는 젊은이였는데 왜 젊은 사람들을 통 이해해주지 못할까요?

수많은 경험, 환경 변화, 삶의 굴레 등 다양한 요인으로 인해 사고방식은 변화합니다. 그래서 옛날의 자신을 이제 와서는 이해할 수 없는 경우도 있지요.

사실 이 문제의 본질은 세대간의 단절이 아닙니다. 근본적인 이유는 원래 사람은 다른 사람을 이해하지 못한다는 사실에 있습니다. 그래서 자신이 전하고 싶은 말이 그대로 상대에게 닿는 일은 애초에 일어날 수 없습니다. 직장에서 같이 일하는 동료와도 그러하며 부부나 친구 사이, 또는 고객에게도 마찬가지입니다.

뇌의 인지 편향

뇌과학자 니시 다케유키는 이렇게 말했습니다.

> "커뮤니케이션 스킬이 뛰어난 사람은 자신의 뇌와 상대의 뇌가 보고 있는 세계가 다르다는 사실을 확실히 인식하는 사람이다."

'석양'이라는 말을 들으면 어떤 이미지가 떠오르시나요? 같은 석양이라도 아프리카 대지의 석양과 도시 한가운데의 석양은 느낌이 다릅니다. 같은 말을 들어도 사람마다 상상하는 장면이 다 다른 법이지요.

100명 있으면 100가지가 있지요. 그것이 뇌의 인지 편향입니다. 유전자나 성별뿐만 아니라 나고 자란 지역, 환경, 경험, 지식에 의해서도 달라집니다.

그렇기에 자신의 사고와 마음이 타인에게 전달되기란 무척 어렵습니다.

와인의 맛을 전달할 경우를 예로 들어볼까요? 소믈리에끼리 나누는 대화라면 다양한 표현으로 그 와인의 맛을 설명할 수 있어 서로 더 긴밀한 관계가 생길지도 모릅니다. 반면에, 소믈리에가 와인을 잘 모르는 손님에게 와인의 맛을 전달할 때는 상대가 이해할 수 있는 범위 내의 용어를 사용해서 전달해야 합니다.

맛은 미각뿐만 아니라 후각과 지식 등 여러 가지 요소로 느끼는 것이므로 그 와인의 맛은 소믈리에와 손님이 각자 상당히 다르게 느낄 수밖에 없습니다.

어쩔 수 없는 일이지요. 따라서 '전달된다' 혹은 '이해한다'는 것은 어려운 일이며 전달되었다고 해도 그것은 '대략 전달되었다'고 생각하는 것이 현명합니다.

애초에 '전해지지 않는다' 또는 '상대가 이해해주기

어렵다'는 전제에서 시작하세요. 그래야 결과적으로 '전해지고' '이해되는' 부분이 늘어날 것입니다.

단념하는 것에서 시작하세요

뇌의 인지 편향에 대처하려면 어떻게 해야 할까요? 우선은 '단념'해야 합니다. '단념하다'는 말은 부정적인 의미로 사용되는 경우가 자주 있으나, 한 가지는 '포기하다'라는 뜻입니다. 흔히 단념한다고 했을 때 이 의미로 해석되지요. 다른 한 가지는 '집착을 끊는다'는 뜻입니다.

우리는 이 두 번째 의미에서의 '단념'하는 자세에서 시작해야 합니다. 욕심을 내려놓는 자세입니다.

나의 뜻이 제대로 전달되기 위해서는 '상대를 기준으로' 생각하고 말해야 한다고 강조했습니다. 우선 상대가 다 받아들일 수 없는 사정이나 역량 등이 있을 수 있음을 전제로 두세요. 완벽하게 상대를 이해시키고 말겠다는 마음가짐은 자칫 상대가 마음의 문을 닫게 만들 수도 있습니다. 나아가 내 마음도 비뚤어질 수 있습니다.

'이 정도도 이해하지 못하다니 바보 아니야?'

'이렇게까지 말해도 왜 전달되지 않는 거야? 나는 멍청이인가?'

이런 부정적인 감정에 빠지는 것보다는 자신이 시도할 수 있는 다양한 전략을 궁리하는 편이 낫습니다.

집착을 내려놓고 시작해야 여유가 생기고,

긍정적인 시선을 유지할 수 있습니다.

긍정의 태도야말로 만능 열쇠임을 잊지 마세요.

결국
다정한 사람이
이긴다

"

저는 전달력이 뛰어난 사람은 상대를 배려할 줄 아는 '다정한 사람'이라고 생각합니다. 자신만 생각하고 자신이 하고 싶은 말만 하는 사람과 상대의 입장을 생각하고 상대에게 메시지가 전달되도록 진심을 다하는 사람. 누구의 말이 더 마음에 와닿을까요?

전달하는 기술이 제아무리 뛰어나도 상대를 배려하는 다정함에는 상대가 되지 않습니다. 그렇다고 인품을 연마하라는 식의 말을 하려는 게 아닙니다. '다정한 배려'

를 의식하는 것, 그것만으로도 의미가 있습니다.

짜증은 틀림없이 전해진다

상대에게 좀처럼 의사가 전달되지 않을 때 답답하고 짜증이 난 적은 없었나요? 저는 있습니다. 그 짜증스러운 감정은 상대에게도 고스란히 전해집니다. **전달하려는 핵심은 좀처럼 전해지지 않는데, 어쩐 일인지 짜증스러운 느낌은 너무 쉽게 전달되고 맙니다.**

말하는 사람의 조바심이나 짜증이 전해지면 상대도 짜증이 나거나 두려워지는 등 감정이 흔들리고 마음이 복잡해질 테지요. 그러면 원래 전하고 싶었던 메시지는 점점 더 전달되기 어려운 상태가 되는 악순환이 일어납니다. 결국 '전달한다'는 목적 달성은커녕 서로 스트레스만 받게 됩니다.

이럴 때 '다정함'이 무기가 됩니다. **짜증이 올라올 것 같으면 '다정한 사람이 되자' 하고 마음속으로 중얼거리는 겁니다.** 상대의 머릿속을 상상하면서 거기에 최대한 부드럽고 조심스럽게 자신의 말을 풀어놓는다고 생각해보세요. 이렇게만 해도 상당히 달라집니다.

약간 옆길로 새자면, 『벽을 넘을 수 없을 때 알려주는 일류의 훌륭한 사고법』이란 책에서 어느 고급 호텔 칵테일 바에서 일하는 바텐더의 이야기가 상당히 인상적이었습니다. 그 바텐더는 손님이 술을 한 잔 더 주문했을 때 두 번째 잔을 손님이 첫 번째 술잔을 놓고 마시던 위치에 놓아준다고 합니다. 손님은 자신이 가장 마시기 편한 위치로 잔을 옮겼을 것이고, 바텐더는 이를 놓치지 않고 세심한 서비스를 보여준 것이지요. 이처럼 다정한 배려에 호감을 느끼지 않을까요? 메시지를 전하는 일도 이와 다르지 않습니다.

말 잘하는 사람은
기분을 관리한다

하루는 택시를 탔는데 운전기사가 짜증이 나 있었습니다. 별것 아닌 일로 클랙슨을 울리면서 투덜투덜 불평을 하더군요. 그러더니 잠시 후 제게 말을 걸어왔습니다. 짜증을 내는 모습에 기분이 언짢아진 저는 건성으로 답하며 대화에 집중하지 못했습니다. 어쩐지 그가 하는 말이 머리에 전혀 들어오지 않았습니다.

'분노', '불쾌감', '두려움' 등의 감정 상태는 전달을 방해하는 크나큰 적입니다. **불쾌한 감정을 안은 채로 정보**

를 들으면 그 정보 자체를 부정적으로 인식하게 됩니다. 게다가 불쾌한 감정에 의식이 쏠려서 정작 중요한 정보에는 제대로 귀 기울이지 못하는 상황이 벌어집니다.

인간이므로 짜증이 나는 일도 있을 테고 화를 내고 싶을 때도 있습니다. 하지만 그 감정을 드러내면 정작 전하려는 메시지가 전달되지 않는 안타까운 결과가 일어납니다.

예전에 매니지먼트 업무를 하고 있는 지인이 이런 고충을 토로하더군요.

"팀원이 성장하길 바라는 마음으로 말하는데 무심결에 말투가 강해지거나 화를 내는 경우가 있더라고. 팀원을 생각해서 하는 말이라면 화내지 않는 게 좋다는 건 알지만 실천하기가 어려워."

찬찬히 생각해보세요. **이때의 목적은 팀원의 성장이지 화를 내는 것이 아닙니다.** 팀원의 성장이라는 목표를 달성하려면 알려주고 싶은 내용의 핵심을 상대가 이해하고 납득하는 게 중요하지요. 그런데 화내면서 말하면 그 진심은 전해지지 않을뿐더러 감정의 골만 깊어질 수 있습니다.

3초 동안의 '잠시 멈춤'

'부정적 감정은 전염된다'는 말이 있습니다. 친구가 우울
해하면 자신도 덩달아 우울해진 경험이 있지 않나요? 어
떤 조사 결과에 따르면 불쾌한 감정은 심지어 SNS 같은
데서도 퍼질 가능성이 크다고 합니다.

그렇다면 분노나 불쾌감이 솟구칠 때는 어떻게 해야
할까요?『더 이상 화내지 않기 위한 책』의 저자인 정신
과의사 와다 히데키는 일단 자신이 지금 불쾌한 감정에
싸여 있다는 사실을 객관적으로 인식하고 냉정을 찾는
것이 중요하다고 강조합니다. 분노를 내보이면 대화를
망칠 뿐 아니라 상대에게 미성숙하게 보인다든가 하는
단점이 매우 많습니다. 화를 진정시키는 방법을 알아두
는 것이 좋습니다.

와다 히데키는 분노의 감정을 가볍게 누그러뜨리는
방법을 이렇게 소개했습니다.

"화가 울컥 치밀 땐 3초 동안 천천히 심호흡을 하세요."

분노가 치솟을 때는 뇌에 산소가 부족한 상태일 가능성이 있습니다. 그럴 때는 3초간 심호흡을 하면 뇌에 산소를 보내주고 냉정을 되찾을 틈을 만들 수 있습니다.

또 **아이스크림으로 화를 가라앉히는 방법**도 있습니다. 단것을 먹으면 혈당 수치가 올라가고 찬 기운으로 머리도 식힐 수 있지요. 실제로 효과가 있다고 합니다.

그래도 화가 가라앉지 않을 때는 **3초만 화를 내세요.** 너무 참고 쌓아두는 것도 좋지 않으니 차라리 화를 분출하는 겁니다. 다만, 시간을 정해두고 감정을 전환하는 것이 목표입니다.

이러한 감정 통제법을 익혀두면 상대에게 자신의 생각과 마음이 잘 전해지는 데 도움이 됩니다.

나중으로
미루지 않는다

성격 차이를 키우는 말습관

이혼 사유 1위는 '성격 차이'라고 합니다. 여러 기관에서 조사한 모든 결과에서 압도적으로 1위에 올라 있습니다.

그런데 이 통계 자료를 보고 의문이 들었습니다. 어떤 자료에 따르면 연애 결혼의 비율이 87.9%라고 합니다. 사귄 기간은 다 다르겠지만 상대를 알고 좋아해서 결혼한 경우가 대부분인 것이죠. 상대의 성격을 나름대로 파악하고 결혼했을 겁니다. 그런데 왜 성격 차이로 이혼에 이르는 걸까요?

이혼하는 부부에게서 보이는 특징이라고 합니다.

- 대화가 적다.
- 상대에게 별로 관심이 없다.
- 가족이 함께 보내는 시간이 적다.
- 상대의 이야기를 잘 듣지 않는다.
- 자신의 의견이 옳다고 생각한다.

이러한 상황이 벌어진 계기는 '말하지 않아도 알고 있을 거야'라는 생각이 오해와 불만을 키워서가 아닐까요? **인간관계든 사회생활이든 문제의 대다수가 생각을 제때, 제대로 전하지 않은 데서 일어납니다.**

직장에서도 이런 상황이 자주 일어납니다. 업무에서는 보고·연락·논의가 무척 중요한데 이는 모두 의사 전달과 관련 있습니다. 평소에 함께 일을 하다 보면 이런 생각에서 전달을 생략하는 경우가 많습니다.

'말하지 않아도 이해할 거야.'

'이미 알고 있겠지.'

하지만 실제로는 이해하지 못하고 있다거나, 필요한 정보가 공유되어 있지 않은 경우가 자주 있습니다. 그럴 때 불만이 싹틉니다. 업무에 구멍이 생기거든요. 책임을 떠안을 수도 있습니다. 불만이 쌓이면 충돌이 발생하기 마련이고요.

지금 바로 전하세요

'말하지 않아도 알 거야'라는 생각은 금물입니다. 실제로는 단지 '귀찮음'의 다른 표현인지도 모릅니다. 만약 그런 생각이 든다면, 오히려 경고 사인으로 여기고 더 주의하여 전달할 필요가 있습니다.

사실 전달하지 않는 것이 아니라, 전달해야 할 것을 미루어두었다가 깜박 잊거나 타이밍을 놓치는 바람에 전하지 못해 문제를 일으키는 경우가 더 많습니다. 전달력이 뛰어난 사람들은 미루지 않습니다.

특히나 소중한 사람에게 하고 싶은 말을 나중으로 미루고 있다면 꼭 바로 전하세요.

면접에서
'자기소개'를
시키는 이유

입사 면접을 볼 때 자기소개를 시키는 경우가 많죠. 그러면 자기 경력을 줄줄 이야기하는 사람이 있습니다. 이력서에 쓰여 있는 내용을 그대로 읊는 거죠. 좋은 점수를 받긴 글렀군요. 안타깝습니다. 면접에서 자기소개를 시키는 이유를 잘못 생각했거나 아예 생각해보지 않았던 겁니다.

면접에서 자기소개를 듣고자 하는 중요한 이유는 **'당신의 매력이 무엇인지를 알고 싶기'** 때문입니다.

누구나 가장 오랜 세월 동안 알고 지낸 사람은 바로 자기 자신입니다. 그런 스스로를 제대로 소개하지 못한다면 자신에 대해 거의 모르는 면접관은 당신을 뽑기가 아무래도 불안하겠지요.

이러한 점에서 "자기소개를 해주세요" 하는 요청은 전달력 수준을 알아보기 위한 결정적 질문^{Killer Question}이 됩니다.

그리고 또 한 가지 결정적 질문이 있습니다. 바로 "당신은 어떤 일을 하고 계신가요?"라는 질문입니다. 답변으로 자신의 직함이나 부서에 대해 구구절절 이야기하는 사람이 있는데, 이런 사람도 안타깝지만 전달력이 그다지 우수하지 않습니다.

직함은 회사에서의 역할이지 구체적인 업무를 말해주지는 않으니까요. 우리는 일주일 중 가장 많은 시간을 회사에서 보내거나 일하는 데 쓰지요. 그럼에도 자신이 하는 일에 대해 매력적으로 말할 수 없다는 건 역시 안타까운 일입니다.

예를 들면 이런 느낌입니다.

면접관 당신은 어떤 일을 하고 계신가요?

면접자 저는 ○○주식회사 재무팀 과장입니다.

틀린 말은 아닙니다. 하지만 상대가 무엇을 알고 싶어 하는지를 생각하면 이렇게 대답할 수가 없을 것입니다.

과장은 단순 직함일 뿐입니다. 관리 위주의 중간관리자이거나 실무와 관리직을 겸임하는 매니저이거나 혹은 그 외 다른 일을 하는 사람일 수 있습니다. 관리 업무라면 재무부에서 부서 직원들을 관리하는 일이 주 업무일 수 있고 매니저라면 직원들을 관리하면서 자신도 어떤 업무를 주체적으로 맡고 있을 것입니다. 이렇게 자신이 하고 있는 일을 세부적으로 이야기함으로써 흥미롭게 소개할 줄 아는 사람이 전달력이 뛰어나다고 할 수 있습니다.

추상적인 질문은 상대가 어떤 생각을 하고 있는지를 알아내는 실마리입니다. 명확하게 묻고 싶은 말이 있는 경우는 구체적으로 질문해야 하지만, 상대의 생각을 두루두루 알아보고 싶다면 일부러 추상적인 질문을 해보는 것이 하나의 방법입니다. 왜 이런 두루뭉술한 질문이 면접에서 단골로 등장하는지 충분히 생각하고 답변을 준비하세요.

5장

감정적
뱀파이어와의
대화법

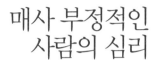

매사 부정적인
사람의 심리

진행하고 있는 일이 정말로 이대로 좋은가를 진단하고 판단할 때, 의식적으로 '안 되는 거 아닐까?' 하고 부정적인 관점으로 살펴보곤 합니다. 한마디로 의심해보는 것이지요. 이것을 제 나름의 네이밍으로는 '성악 시점'이라고 부릅니다.

가령 제가 하는 일에서는 원고의 좋고 나쁨을 판단할 때 이 시점을 채택합니다. 무의식적으로 원고를 읽으면 대개는 좋은 원고로 느껴집니다. 하지만 일부러 성악 시점으로 보면 부족한 점이 속속 드러나 원고를 한층 더 훌륭하게 다듬어갈 수 있습니다.

이러한 내용을 전작에도 썼더니 질문이 들어왔습니다. "회사에서 뭐든지 부정적인 의견을 말하는 사람이 있는데 그래서인 걸까요?" 아닙니다. 의식해서 부정적으로 바라보는 것과 무슨 일이든지 부정적으로 받아들이는 것은 얼핏 비슷해 보여도 사실은 전혀 다릅니다.

뭐든지 부정적인 사람, 주위에 있지 않나요?

"이 기획, 어떻게 생각하세요?"

"어렵겠는데요"라며 안 되는 이유만 잔뜩 이야기합니다. 대안을 제시하는 것도 아니면서 그저 부정적인 말만 하지요.

그런데 이런 사람은 대개 자신이 그런다는 사실을 인지하지 못하는 경우가 많다고 합니다. 자신도 모르게 만사를 부정적으로 말하는 것이지요.

왜일까요? 이유는 여러 가지가 있지만 가장 유력하게는, 부정을 통해 상대를 깎아내리고 자신을 높이려는 일종의 자기긍정 행위라고 볼 수 있습니다. 그렇게 우위를 차지하려 들기도 합니다. 지고 싶지 않다는 경쟁심 또는 콤플렉스나 자격지심 등 꽤 성가신 감정이 바탕에 깔려 있습니다.

이러한 사람에게는 어떻게 대응해야 할까요?

부정적인 의견만 내는 사람의 특징으로 '부분 부정'이 있습니다. 이러한 사람들의 부정은 대부분 '목적이나 목표를 향한 부정'이 아니라 **'취향이나 착각을 바탕에 둔 부분적 부정'**입니다. 그렇다면 **이야기를 폭넓게 확장하는 것이 좋습니다.**

일부분을 가지고 계속 이야기하면, 부정하는 사람이 바라던 대로 만들어주는 셈입니다. 계속 이러쿵저러쿵 해봐야 해결이 나지 않습니다. 대개는 사소한 디테일이라 그때 꼭 이야기할 필요가 없을 수도 있습니다. 한시라도 빨리 화제를 바꿔야 합니다.

자연스럽게 화제를 바꾸는 요령이 있습니다. **목표를 확인하는 것입니다.** 일의 목표점을 확인하고 의견과 생각이 목표 달성에 어떻게 연결되는지를 중심으로 이야기를 나누는 것입니다. 항상 목표를 의식하고 이 논의가

목표를 향해 있는지 아닌지를 확인하면서 진행해나가야
합니다.

목표를 공유할 때는 화이트보드를 활용하라고 권하고
싶습니다. 종이나 아이패드도 괜찮습니다. 무엇을 사용
하든 중요한 점은 목표를 시각화하는 일입니다.

화이트보드의 한가운데에 목표를 적고, 그 주변에 목
표를 달성하기 위한 의견과 계획을 적습니다. 그중에 부
정만 하는 사람의 의견을 넣어보십시오. 그 사람이 지금
목표를 향해 있지 않다는 사실을 시각화하여 보여줄 수
있습니다.

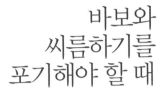

바보와
씨름하기를
포기해야 할 때

예전에 『화가 나도 바보와는 싸우지 마라』와 『바보와 어울리지 마라』라는 책이 베스트셀러가 된 적이 있습니다.

상대가 정말로 바보인지는 모르지만 아무리 커뮤니케이션을 하려고 해도 도저히 내 의사를 이해하지 못하는 사람이라면 굳이 무리하면서까지 의사소통을 하지 않는 선택지도 있습니다. 아무리 시간을 들여도 전달되지 않을 가능성이 크기 때문입니다. 즉, 시간 낭비일 수 있습니다.

물론 교육 현장이나 의료, 간병 현장에 있는 사람 등 어떻게든 의사소통을 해야만 하는 역할이나 상황이 있을 수 있습니다. 그럴 때도 완벽히 전달하기는 어렵다는 것을 전제로 하면 좋습니다.

사람은 자신이 이해할 수 있는 범위 내에서만 받아들입니다. 그 범위를 벗어나면 결코 이해하지 못합니다. 그래서 아무리 애써도 정확하게 전달하지 못하는 상황이 벌어지는 겁니다.

끝까지 시간과 수고를 들이는 것이 꼭 나쁘지는 않습니다. 하지만 아무리 시간과 노력을 들여도 전달할 수 없는 상대가 있음을 알고 그런 사람에게는 단념할 줄도 알아야 합니다('단념하다'는 의미에 관해서는 180쪽에서 설명했습니다). 전달되지 않는다는 전제하에 어떻게 할지를 결정하는 겁니다.

제가 단념할 때 하는 일은 세 가지입니다.

❶ 자기 시간의 가치 재확인
❷ 감정 분리

❸ 목표 재확인

 '**자기 시간의 가치 재확인**'은 소중한 인생의 시간을 그 일에 써야 하는지를 다시 진지하게 확인하는 일로, 이로써 단념하고자는 마음을 먹기도 합니다. '**감정 분리**'는 어쨌든 화내지 않는 일입니다. 감정을 분리함으로써 냉정하게 판단할 수 있습니다. '**목표 재확인**'은 전달되지 않는 일에 시간을 들이는 것만이 상책은 아니라는 사실을 알아차리는 것입니다.

트집쟁이는
일단 가로막는다

회의나 사전 미팅에서 별로 중요하지도 않은 사항을 꼬치꼬치 캐묻듯이 질문하는 사람이 있습니다. 핵심 주제에서 벗어나거나 아직 생각할 단계가 아닌데 지나치게 앞서간 내용으로 트집 잡는 유형입니다. 이런 사람이 실제로 있지요.

꼬치꼬치 캐묻는 목적은 무엇일까요? 회의의 경우 뭔가 말하지 않으면 자신의 존재를 드러내지 못한다고 생각해 억지로 질문하거나, 상대를 깎아내리고 자신을 높이기 위해 일부러 대답하기 곤란한 질문을 던지는 사례 등이 있을 겁니다. 어떤 목적이든 골치 아픈 사람이라는 사실은 변함없습니다.

만약 상대에게 확실히 말해도 문제가 없는 관계라면 이런 대응책은 어떨까요?

"이 질문은 오늘 회의 의제에서 벗어나 있으니 추후 검토하겠습니다."

"죄송하지만 제 얘기가 완전히 끝난 후에 대답해도 되겠습니까?"

이야기 중간에 끼어들지 못하도록 단호하게 제지하는 것이지요. 다만 이렇게 직접적으로 말하는 대응법은 상대의 감정을 상하게 할 위험성이 있습니다. 쓸데없이 적을 늘리지 않으려면 조금 신경을 쓸 필요가 있습니다. 바로 **가능한 한 상대를 부정하지 않는 것**입니다.

우선 막아내는 것이 먼저입니다. **논의가 본질에서 벗어나는 상황은 반드시 피해야 합니다.** 꼬치꼬치 물고 늘어지는 사람은 본질에서 벗어난 하찮은 일을 따지고 드는 경우가 많기 때문입니다. 일단 **막아낸 뒤에 이야기의 목표나 목적을 확인해야 합니다.** 그리고 상대의 감정과 입장을 고려한 답을 내놓는 것이 중요합니다.

회의라면 이런 식이 되겠지요.

> "지적해주셔서 감사합니다. 옳은 말씀입니다. 오늘 회의의 주목적이 ○○였으므로 세세한 부분은 아직 구체적으로 정해지지 않았습니다. 지적해주신 부분은 오늘 회의에서 1차적으로 승낙을 얻으면 바로 착수하겠습니다. 귀중한 의견 감사합니다."

질문을 잘하면
좋은 답이 돌아온다

예, 아니오로만 대답하는 사람

처음 만난 사람과 인사를 나눈 후 이어진 대화입니다.

A 최근에 약간 쌀쌀해졌어요.

B 네, 그러게요.

A 단풍이 한창이라 단풍 명소로 가는 고속도로마다
 엄청 막힌다는군요.

B 아, 그렇군요.

A 그나저나 사무실 분위기가 상당히 좋네요.

B 고맙습니다.

A … 오늘 제안할 내용은…

내가 던진 질문에 단답형 대답만 돌아오는군요. 멈칫 멈칫 대화가 자연스럽게 이어지지 않으면 가시방석이 따로 없습니다. 왜 이야기가 제대로 이어지지 않는 걸까요? 상대방의 입장에서 생각해봅시다.

❶ 말주변이 없다.

❷ 내게 관심이 없어 대화할 생각이 없다.

❸ 지금 기분이 좋지 않다.

❹ 시간이 없어서 빨리 끝내고 싶다.

❺ 내 질문이 어설퍼서 이야기할 의욕이 나지 않는다.

❻ 내게 좋지 않은 감정을 갖고 있다.

① 말주변이 없는 사람의 경우는 어쩔 수가 없습니다. 이야기하는 것이 서툴러도 듣는 것은 좋아할 수도 있습

니다. 괜히 이것저것 묻지 말고 자신이 주도권을 쥐고 이야기하면서 대화를 이끌어가는 것도 좋습니다.

④ 시간이 없는 경우는 빠르게 일단락하는 것이 상대를 위한 방법이므로 이야기를 펼칠 필요가 없습니다.

문제는 나머지 ②, ③, ⑤, ⑥의 경우입니다. 쉽지 않겠지만 이때는 **'좋은 질문'이 이 난관을 돌파하는 데 힘이 되어줄 것입니다.**

상대의 마음을 여는 질문의 힘

저는 축구를 좋아해서 경기를 자주 관전하는데 축구 경기가 끝난 뒤 선수들이 인터뷰하는 모습을 보면서 알게 된 점이 있습니다. 리포터의 질문에 따라서 선수의 대답이 완전히 달라진다는 사실입니다.

"오늘 시합에 대한 소감을 한말씀해주시겠어요?"라는 질문에는 예상 가능한 대답이 나옵니다. 시합에서 이겼다면 주로 '이 승리를 다음에도 이어가겠다', 졌다면 '열심히 훈련해서 다음에는 반드시 이기겠다'는 식으로 대답하지요.

반면 리포터가 뻔하지 않은 질문을 던지면 선수도 형식적으로 대답하지 않습니다. 생각지 못하게 속마음을 있는 그대로 말해주거나 본심이 드러나는 표정과 말투로 이야기하는 등 보는 사람도 흥미롭고 색다른 장면이 나오곤 합니다.

어떤 질문을 받느냐에 따라 대답이 완전히 달라집니다. 이것이 질문력이지요. 질문력은 회의나 잡담에서도 영향력을 미칩니다.

비껴 서지 말고 더 깊게

이야기를 계속 이어가기 위해서는 질문이 딴 길로 새서는 안 됩니다. 예를 들어볼게요.

A 조깅을 좋아하신다고 들었어요.

B 네, 자주 달려요.

A 며칠 전에 TV에서 중계해준 마라톤 대회 보셨어요?

B 아뇨. 못 봤어요.

A 많은 선수가 같은 운동화를 신고 있던데 B씨도 유

명한 운동화를 신고 달리시나요?

B 아니요.

A …

A …

바람직하지 않은 질문 사례입니다. 이야기가 순조롭게 이어질 것 같지 않으니 자꾸 질문이 본론에서 옆으로 옮겨가고 있습니다.

또 하나 바람직하지 않은 이유는 "예" 또는 "아니요"로 대답할 수 있는 질문이라는 점입니다. 그나마 "예"라면 이야기가 이어질 가능성이 있지만 "아니요"가 나오면 이야기는 거기서 끝나고 맙니다. **대화를 이어나갈 실마리를 찾을 수 있는 내용으로 질문하는 것이 좋습니다.** 그러면 화제도 다양해지거든요. 저는 이것을 '깊은 질문'이라고 부릅니다. 예를 들면 이런 느낌입니다.

A 조깅을 좋아하신다고 들었어요.

B 네, 자주 달려요.

A 주로 어디서 달리세요?

B 보통 집 근처에서 달리는데요, 때로는 여행을 가서
　달리기도 해요.

A 그러시군요. 여행지라면 어디서 달려보셨어요?

B 교토로 여행 갔을 때 자주 달렸어요. 교토는 신사나
　불각 같이 좋은 곳이 많아서 즐겁거든요.

A 그거 좋은데요. 저도 교토를 좋아하는데 다음에 가
　면 한번 달려봐야겠네요. 혹시 추천해주실 만한 코
　스가 있으신가요?

점점 대화를 깊게 끌고 갈 수 있는 질문을 하고 있습
니다.

처음에는 당신에게 관심이 별로 없어 대화에 시큰둥
했던 상대도 이런 식으로 화제가 점점 깊어지면 당신에
게 호감이 생길 수 있습니다. 그러면 대화에 활력이 생기
고 비로소 서로 묻고 답하는 단계로 나아갑니다. 이렇듯
적절한 질문은 커뮤니케이션의 중요한 무기가 됩니다.

'깊은 질문'의 요령

대화를 점점 깊이 이어갈 수 있게 질문하는 요령 중 한 가지는 상대가 좋아하는 것을 묻는 것입니다.

❶ 상대가 좋아하는 것을 묻는다.

❷ 상대가 좋아하는 것은 상대의 말뿐 아니라, 소지품 등 어딘가에서 반드시 드러난다는 사실을 잊지 않는다. 화상 대화를 할 때 배경 화면에서 상대가 좋아하는 것에 대한 힌트를 찾아낼 수도 있다.

❸ 상대가 좋아하는 것과 자신이 할 수 있는 이야기를 연결 짓는다. 단, 질문만 하지 말고 자신의 이야기도 끼워 넣는다.

사람은 자신이 좋아하는 일에 관해서 이야기할 때 즐겁기 마련이고 자신이 좋아하는 일에 관심을 보이는 사람에게 호감을 느끼게 됩니다. **상대가 좋아하는 것은 대화 화제로 최고지요.**

또 한 가지, 출판사 편집자가 자주 사용하는 질문의 요령을 소개하겠습니다. **'핵심을 찌르는 질문'을 하는 것입니다.**

예를 들어 셰프를 취재하는 경우라면 "왜 당신의 요리는 맛있습니까?"라고 단도직입적으로 질문을 던집니다. 이러한 돌직구 질문은 다양한 방향으로 이야기를 펼쳐 나갈 수 있는 가능성을 내포하고 있습니다.

이 질문이 셰프가 걸어온 지금까지의 역사로 이어질 수도 있고 요리 소재의 이야기로 옮겨갈 수도 있습니다. 레스토랑이란 무엇인가 하는 방향으로 화제를 넓힐 수 있을지도 모릅니다. 예상 외의 재미있는 이야기가 나올 가능성이 크기 때문에 핵심을 바로 묻는 것입니다.

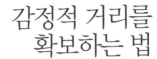

감정적 거리를
확보하는 법

이런 이야기를 들었습니다.

"상사가 바빠 보여서 보고할 타이밍을 잡지 못하고 상황을 엿보던 중 상사가 '그 건은 어떻게 되었지?'라고 물었습니다. 그제야 보고했더니 '왜 이렇게 보고가 늦어진건가!' 하고 화를 내셨어요.

하지만 예전에 일찌감치 보고하려고 말을 걸었을 때는 '지금 바쁘니까 나중에 얘기해!'라며 화를 내셨죠. 대체 어떻게 해야 할까요?"

저도 그런 경험을 한 적이 있습니다. 상사에게 보고할 타이밍을 찾고 있었는데 어느 틈에 상사가 외출하더니 사무실에 돌아오지 않고 그대로 퇴근했던 겁니다. 어쩔 수 없이 뒤늦게 메일로 보고했다가 질책을 받았습니다. 이런 경우는 정말 어떻게 해야 할지 당황스럽지요.

말을 붙이기 쉬운 사람이라면 이런 상황까지 가지도 않았겠지만, 대화하기 어려운 상대라면 곤란한 상황이 벌어지기 십상입니다.

별것 아닌 일에 예민해져서 툭하면 감정적으로 변하는 사람도 말을 걸기가 어렵습니다.

쉽게 화내는 사람을 어떻게 상대하면 좋을까요?

핵심은 **'왜 상대가 감정적이 되는가'**를 파악하는 것입니다. 화를 내는 이유는 대부분 다음 네 가지로 볼 수 있습니다.

- 자신의 생각대로 되지 않는다.
- 몇 번을 말해도 상대가 이해하지 못한다.
- 상대의 태도가 무례하거나 배려가 없다.

- 그냥 기분이 좋지 않다.

상사에게 보고하는 앞의 사례를 다시 한번 살펴보시죠. 상사의 입장에서 보면 보고가 늦다는 것은 '자신이 생각한 대로 되지 않았다', '몇 번이나 말했는데 알아듣지를 못한다'는 점에 화를 낸 것입니다. 예전에 바쁠 때 이야기를 걸어와 화를 낸 것은 배려가 없다는 이유에서지요.

이때 이성적인 대응책이 필요합니다. 상대에게 자신도 똑같이 감정적으로 대응하거나, 반대로 눈치를 보며 쭈뼛쭈뼛하는 태도를 취하지 말아야 합니다. 상대의 감정을 부추겨 역효과를 낼 뿐이니까요.

저는 '연구자 시점'을 권하고 싶습니다. 상대와 같은 선에 서지 않고 **상대를 연구 대상으로 인식하는 겁니다.** 화를 내는 상대를 앞에 두고 그 사람이 갑자기 화내는 이유를 연구하는 뇌과학자가 된 것처럼 생각해보는 것이죠. 물론 어디까지나 머릿속에서만 이루어져야지 태도로 드러나서는 안 됩니다. 눈앞에서 일어나는 불쾌한 일이나 비합리적 상황을 관찰하고, 뭔가를 배우고, 자신을 단련하는 계기로 전환하세요.

가령 고객 상담실에서 일하고 있다면 화난 고객들을 자주 상대해야 할 것입니다. 달갑지 않은 일입니다. 하지만 클레임은 사업 성장과 서비스 향상으로 이어지는 중요한 토대가 됩니다. 이렇게 달갑지 않은 클레임을 가능한 한 가치 있는 것으로 전환시켜 인식하는 것이죠. 그러면 문제를 개선해나가고 사업을 발전시키는 계기가 될 수 있죠.

저는 이것을 **'긍정적 가치화'**라고 부르는데, 이것을 의식해서 실천하는 것이야말로 진정한 대책입니다. 무엇보다 이것은 상대를 위해서가 아니라 자기 자신을 위해서라는 점을 잊지 마세요.

"이 책의 매력을
어떻게 전해야 좋을까?"

이 책을 퀴즈로 마무리해보겠습니다.

Q
바나나의 매력을 100자로 설명해보세요.

A
**우리 집 냉장고에는 항상 바나나가 있습니다. 바나나가 저와
제 강아지를 이어주는 다리 역할을 하기 때문입니다. 강아지
가 바나나를 좋아해서 매일 아침 졸졸 따라다니며 달라고 합**

니다. 한 개를 까서 같이 나눠 먹습니다. 이 시간이 제게는 아주 평온하게 느껴집니다.

100글자를 조금 넘었지만, 이것이 제가 느끼는 바나나의 가장 큰 매력입니다. 앞에서 이야기한 바나나 맛의 매력과는 별개로요.

이 퀴즈는 제가 소개한 '전달되는 기술' 중 몇 가지가 적용된 문장입니다. 어떤 것들인지 하나씩 살펴볼까요?

왜 하필 바나나일까?

'상대를 기준으로' 두고 '친근감'을 주기 위해 바나나를 선택했습니다. 바나나는 많은 사람이 일상적으로 먹는 친숙하고도 인기 있는 과일입니다. 호불호가 갈리는 음식도 아니죠. 산뜻한 색깔에 모양도 예뻐서 브랜드의 캐릭터나 이름으로 종종 활용되곤 합니다. 친근감을 주면서 관심을 끌기에 좋습니다.

왜 100자일까?

'넘버링의 기술'을 사용했습니다. 누구나 이미지로 떠올리기 쉬운 숫자를 이용한 것이지요. 100자는 머릿속에서 그리기 쉬운 글자수입니다. '바나나의 매력을 1500자로 설명하시오'라고 한다면 어떨까요? 1500자면 어느 정도 분량일지 쉽게 가늠하기가 어렵습니다.

또 100자는 기억에 남기기에도 적당한 길이입니다. 연구에 따르면, 의미를 지닌 정보의 덩어리로 따질 때 인간이 순간적으로 기억할 수 있는 것은 평균 7개 덩어리입니다(4개라고 발표한 연구도 있습니다). 제가 100자로 설명한 바나나의 매력은 6개 덩어리입니다. 기억하기도 쉬워서 메시지가 효과적으로 전달되기 좋습니다.

- 우리 집 냉장고에는 바나나가 항상 있다.
- 바나나가 나와 강아지 사이에서 다리 역할을 한다.
- 우리 강아지는 바나나를 좋아한다.
- 강아지가 매일 아침 바나나를 달라며 졸졸 따라다 닌다.

- 바나나 한 개를 같이 나눠 먹는다.
- 이때가 나에게는 가장 평온한 시간이다.

덧붙이자면, 100자를 말로 할 경우에는 20초 정도로 천천히 이야기해야 상대에게 잘 전달됩니다.

'설명해보세요'라고 권한 이유는?

이 책에 관심을 보여준 독자가 읽는 것에서 나아가 직접 실천해보게 하려는 의도입니다. 복습도 하고요. 구슬이 서 말이어도 꿰어야 보배이듯, 기술은 직접 써봐야 자기 것이 됩니다.

이 책은 많은 사람의 고민이 있기에 비로소 세상에 나올 수 있었습니다. 어느 시대든 사람들은 커뮤니케이션 때문에 고민이 많죠. 하지만 꼭 말을 잘하는 사람이 될 필요는 없다고 봅니다. 말은 잘하는 것보다 잘 전달되는 것이 더 중요하다는 깨달음을 얻었기 때문이죠. 설령 어눌하게 말하더라도 '딱 깔끔하게' 나의 뜻을 상대에게 전할 수 있으면 많은 고민이 사라지고 자신감마저 생길 것입니다.

저는 오랫동안 책을 만들고 그 책의 매력을 전하는 일을 해왔습니다. 말이든 글이든 의도가 제대로 '전달된다'는 것이 무엇인지 수없이 생각하고 배우고 실천하면서 거듭 쌓아온 노하우를 최대한 이 책에 담으려 했습니다. 여기에 담긴 여러 가지 기술을 직접 활용해보시고, 그것을 바탕으로 여러분 자신만의 '전달되는 기술'을 만들어보세요.

아무쪼록 이 책이 여러분의 일과 삶에 조금이나마 도움이 된다면 그보다 더 기쁜 일은 없을 것입니다.

읽어주셔서 고맙습니다.

이 책에 소개된 책들

- 가키우치 다카후미.『기적의 생각 공식』. 유노북스(2021년).

- 고이케 히로시.『2억 빚을 진 내게 우주님이 가르쳐준 운이 풀리는 말버릇』. 나무생각(2017년).

- 구라타 오사무『接客のプロが教える上客のつくサービスつかないサービス(접객 프로가 알려주는, 단골을 끌어들이는 서비스 끌어들이지 못하는 서비스)』. (국내 미출간)

- 기요사키, 로버트.『부자 아빠 가난한 아빠』. 민음인(2018년).

- 나이토 요시히토.『말투 하나 바꿨을 뿐인데』. 유노북스(2017).

- 니시 다케유키.『なぜ あなたの思っていることはなかなか相手に伝わらないのか？(왜 당신의 생각은 좀처럼 상대에게 전달되지 않는 걸까?)』. (국내 미출간)

- 니시자와 야스오.『壁を越えられないときに教えてくれる一流の人のすごい考え方(벽을 넘을 수 없을 때 알려주는 일류의 훌륭한 사고법)』. (국내 미출간)

- 다무라 고타로.『화가 나도 바보와는 싸우지 마라』. 부광출판사 (2018년).

- 다케우치 이치로.『사람은 분위기가 90%』. 수희재(2006년).

- 모토하시 아도. 『단 1줄로 사로잡는 전달의 법칙』. 밀리언서재 (2021년).
- 메가믹스 편저. 『人生を教えてくれた 傑作！ 広告コピ—516 (인생을 가르쳐준 걸작! 광고 카피 516)』. (국내 미출간)
- 세인, 데이비드. 『史上もっとも簡単なトッピング英語術(영어 회화의 90%는 중학영어로 통한다』. (국내 미출간)
- 아라카와 히로무. 『은수저』. 학산문화사(2012년).
- 아오키 아츠시. 『공복 최고의 약』. 청홍(2019년).
- 와다 히데키. 『「もう怒らない」ための本(더 이상 화내지 않기 위한 책)』. (국내 미출간)
- 츠보타 노부타카. 『学年ビリのギャルが1年で偏差値を40上げて慶應大学に現役合格した話(전교 꼴찌 불량소녀가 1년 사이에 성적을 1등급으로 올려서 게이오대학에 합격한 이야기』. (국내 미출간)
- 호리에 다카후미, 니시노 아키히로. 『バカとつき合うな(바보와 어울리지 마라)』. (국내 미출간)
- 효행실행위원회. 『부모가 돌아가시기 전에 해야 할 일 55가지』. 랜덤하우스코리아(2011년).
- 히구치 유이치. 『사람이 따르는 말 사람이 떠나는 말』. 북스캔(2005년).

말은 딱 깔끔하고 센스 있게

초판 1쇄 발행 2022년 7월 1일
초판 4쇄 발행 2024년 3월 24일

지은이 가키우치 다카후미
옮긴이 김윤경

발행인 이재진 **단행본사업본부장** 신동해
편집장 김경림 **디자인** 희림
마케팅 최혜진 이인국 **홍보** 반여진 허지호 정지연 송임선
국제업무 김은정 김지민 **제작** 정석훈

브랜드 갤리온
주소 경기도 파주시 회동길 20
문의전화 031-956-7350(편집) 031-956-7089(마케팅)
홈페이지 www.wjbooks.co.kr
인스타그램 www.instagram.com/woongjin_readers
페이스북 https://www.facebook.com/woongjinreaders
블로그 blog.naver.com/wj_booking

발행처 ㈜웅진씽크빅
출판신고 1980년 3월 29일 제406-2007-000046호

갤리온은 ㈜웅진씽크빅 단행본사업본부의 브랜드입니다.

- 책값은 뒤표지에 있습니다.
- 잘못된 책은 구입하신 곳에서 바꾸어 드립니다.